AUF EINEN BLICK: GRAMMATIK

Grundbegriffe
Beispiele
Erklärungen
Übungen

von

Hans Gerd Rötzer

C. C. BUCHNERS VERLAG · BAMBERG

Auf einen Blick: Grammatik
von Hans Gerd Rötzer

Dieses Werk folgt der reformierten Rechtschreibung und Zeichensetzung.

1. Auflage 1 8 7 6 5 4 2005 04 03 02 01
Die letzte Zahl bedeutet das Jahr dieses Druckes.

Alle Drucke dieser Auflage sind, weil untereinander unverändert, nebeneinander benutzbar.

www.ccbuchner.de

Redaktion: Gerhard C. Krischker
Einband und Layout: artbox Bremen
Druck: creo Druck & Medienservice GmbH, Bamberg
Bindearbeiten: H. Stürtz AG, Würzburg

ISBN 3 7661 **4189** 9

Vorwort

Auf einen Blick: Grammatik kann in zweifacher Weise verwendet werden:
1. als lexikalisches Nachschlagewerk, um aufgetretene Unsicherheiten zu klären,
2. als systematisches Arbeitsbuch, um das sprachliche Wissen zu vertiefen und es durch die eingestreuten *Übungen* zu überprüfen. Der beigefügte *Schlüssel zu den Übungen* ermöglicht eine Kontrolle beim Eigenstudium.

Die *Erklärungen* sind jeweils durch *Beispiele* veranschaulicht. Mit Hilfe der *Querverweise* (☞), die sich auf die Nummern am Seitenrand beziehen, kann der Benutzer weitere auftauchende Fachbegriffe und Sachverhalte nachschlagen. Ein alphabetisches *Sachregister* erleichtert die schnelle Orientierung. Einzelheiten zur Rechtschreibung und Zeichensetzung werden jeweils dort behandelt, wo sie für das Verständnis der Wortbildung und des Satzbaus wichtig sind.

Auf einen Blick: Grammatik ist im Unterschied zu Sprachbüchern nicht in Lernschritten, sondern systematisch aufgebaut. Das Buch kann deshalb auch neben allen gängigen Sprachbüchern eingesetzt werden.

Auf einen Blick: Grammatik ist eine anschauliche Darstellung und Erläuterung des grammatischen Grundwissens. Es geht nicht um die Beschreibung eines bestimmten Grammatikmodells und auch nicht darum, neue Begriffe einzuführen. Vor allem soll die Einsicht in die Struktur und Funktion der Sprache erleichtert werden.

Inhaltsverzeichnis

Lautlehre

Laut

1

> Der Laut ist die kleinste Einheit der gesprochenen Sprache.
> Laute werden unterschieden
> – nach ihrer Stellung im Wort,
> – nach ihrem Klangwert,
> – nach ihrer Klangfarbe.

Unterscheidung der Laute nach ihrer Stellung im Wort:

Ufer, **Ü**bung, **Ei**fer, **K**atze, **M**itte, **T**eller	– Anlaut
B**i**ld, B**au**m, Kl**a**mmer, Ge**m**älde, a**l**t	– Inlaut
Aren**a**, Musi**k**, Sege**l**, Allg**äu**	– Auslaut

Unterscheidung der Laute nach ihrem Klangwert:

1. Vokale
(der Vokal, lat.: *vocalis*, klangreich, Selbstlaut)

Der Vokal entsteht dadurch, dass die Stimmbänder (Stimmlippen) im Kehlkopf durch die ausgeatmete Luft zum Schwingen gebracht werden. Die Atemluft strömt dabei ungehindert durch den Mund. Vokale tragen sich selbst; sie sind Selbstlaute.

R**a**be, R**e**de, H**i**lfe, S**y**lt, B**o**den, **U**rlaub	a – e – i – (y) – o – u *Durch die unterschiedliche Dauer des Atemstroms kann ein Vokal lang oder kurz ausgesprochen werden:*
F**a**lle, B**e**tt, **i**mmer, Schl**o**ss B**u**tter, m**ü**ssen	– kurze Vokale
G**a**be, R**e**de, **I**gel, M**o**de, Gr**u**ß, m**ü**de, b**ei**ßen	– lange Vokale
ich r**a**te – aber: die R**a**tte ich b**e**te – aber: im B**e**tte	Beachte: Diese Unterscheidung ist auch für die Bedeutung eines Wortes wichtig.

Vokale können in betonter oder unbetonter Stellung stehen:

r**e**tten, F**i**ndling
– betonte Vokale

rett**e**n, Findl**i**ng
– unbetonte Vokale

Zu den Vokalen gehören auch:

R**ä**der, **ö**rtlich, m**ü**ssen, gr**ü**ßen (aber: Rad, Ort, ich muss, Gruß)
– der Umlaut
ä – ö – ü

B**au**m, F**eu**er, **Ei**mer, tr**äu**men
– der Diphthong (Plural: Diphthonge, griech.: Zwielaut)
au – ei (ai) – äu – eu

☞ Umlaut, 10

2. Konsonanten
(der Konsonant, lat.: *consonans*, mitlautend, Mitlaut)

Der Konsonant entsteht dadurch, dass die ausströmende Atemluft beim Sprechen zeitweise gehemmt oder eingeengt wird, z. B. durch die verschiedene Stellung (Öffnung) der Lippen oder Zähne oder der Zunge in der Mundhöhle. Konsonanten müssen durch einen Vokal gestützt werden; sie sind Mitlaute.

ba**d**en, **K**e**ll**er, **M**ü**hl**e, **r**e**d**e**n**, **m**i**ld**, **l**u**ft**i**g**
b – c – d – f – g – usw.

Unterscheidung der Laute nach ihrer Klangfarbe:

1. Vokale
Die unterschiedliche Klangfarbe hängt davon ab, wie die Zunge und die Lippen geformt werden.

Geschlossene und offene Vokale:

n**eh**men, L**ie**d, R**o**se, H**u**t, pr**ü**fen
– geschlossene Vokale
Sie werden mit möglichst geringer Lippenöffnung gesprochen.

M**a**nn, m**i**t, f**o**rt, W**u**cht, Br**ü**cke
– offene Vokale
Sie werden mit deutlicher Öffnung der Lippen gesprochen, im Gegensatz zu den geschlossenen Lauten.

Helle und dunkle Vokale:

fl**ie**gen, B**i**tte
– helle Vokale
Bei hellen Vokalen liegt der höchste Punkt des Zungenrückens vorn im Mund.

r**u**fen, M**u**t

– dunkle Vokale
Bei dunklen Vokalen liegt der höchste Punkt des Zungenrückens hinten im Mund.

Gerundete und ungerundete Vokale:

R**u**he, l**o**ben, **ö**ffnen, gr**ü**ßen

– gerundete Vokale
Die Lippen sind bei der Aussprache gerundet.

Apfel, S**e**gel, H**i**lfe, **ä**rgern

– ungerundete Vokale
Die Lippen bleiben flach.

2. Konsonanten

Stimmhafte und stimmlose Konsonanten:

Bügel, **D**onau, **G**ast, **L**ied, **M**ond, **n**eu, si**ng**en, **r**udern, Ha**s**e, **V**ase, **W**ien

– stimmhafte Konsonanten
Sie sind Laute, bei denen die Stimmbänder (Stimmlippen) im Kehlkopf schwingen. Man kann das überprüfen, wenn man die Hand an den Kehlkopf legt.
b – d – g – l – m – n – ng – r – s – v (ausgesprochen wie w) – w

Wa**ch**e, **f**ast, **h**art, **k**urz, **P**appel, **Pf**und, Wa**ss**er, **sch**arf, **T**ag, Rä**ts**el, Ku**tsch**e, **V**ater, **z**ehn

– stimmlose Konsonanten
Bei diesen Lauten kommen die Stimmbänder nicht zum Schwingen.
– ch – f – h – k – p – pf – ss – sch – t – ts – tsch – v (ausgesprochen wie f) – z

Gliederung nach der Artikulationsart:
Wie sie gebildet werden.

Panne, **t**üch**t**ig, **k**alt, **B**ild, **d**anken, **g**eben

– Verschlusslaute
Die Luft wird für eine gewisse Zeit am Ausströmen gehindert.

Märchen, Sä**ng**er, **N**ummer

– Nasenlaute
Die Luft entweicht durch die Nase.

Ha**s**e, **f**angen, Ra**ch**e, **h**ören, **sch**einen

– Reibelaute
Durch den eingeengten Luftstrom entsteht ein Reibegeräusch.

	Gliederung nach der Artikulationsstelle: **Wo** sie z. B. gebildet werden.
Paul, **b**itten, **m**elden	– Lippenlaute
Tag, **d**unkel, **n**iemand, **L**ied, **r**ei**ß**en, **z**iehen, Ra**s**en	– Zahnlaute

Buchstabe

Buchstaben sind die schriftliche Wiedergabe von Lauten. Nicht jedem Laut entspricht ein Buchstabe. Es gibt weniger Buchstaben als Laute.

2

wa**sch**en, Da**ch**, si**ng**en	Daher werden einige Laute mit mehreren Buchstaben umschrieben. Es kann aber auch ein und derselbe Laut in der Schrift verschieden wiedergegeben werden:
S**a**ge, S**aa**l, f**ah**l R**e**de, M**ee**r, m**eh**r L**i**d, L**ie**d, er empf**ieh**lt B**o**te, M**oo**s, R**oh**r **U**fer, **Uh**r	– langer Vokal
Vater, **F**aden, **Ph**ilosophie Ma**x**, Wa**chs** rei**z**en, si**tz**en	– Konsonanten
Ra**ch**e, **Ch**or, **Ch**arme **C**amping, **C**aesar, **C**ello	Ein Buchstabe (auch: Buchstabengruppe) kann für verschiedene Laute stehen.

Merke für die Rechtschreibung:

Gewi**nn**, Ri**ss**, Ka**mm**, So**ll**, bi**tt**en, e**ss**en, zusa**mm**en, we**nn**	Nach kurzem Vokal wird ein Konsonant meistens doppelt geschrieben (Konsonantenverdoppelung).
im**pf**en, he**lf**en, A**lt**er Bra**nd** (aber: bre**nn**en)	Die Konsonantenverdoppelung nach kurzem Vokal unterbleibt aber, wenn dem kurzen Vokal mehrere Konsonanten folgen.
Zu**ck**er, E**ck**e, entde**ck**en	Der Konsonant „k“ verdoppelt sich nach kurzem Vokal zu dem Schriftzeichen „ck“.

Zu-**ck**er, E-**ck**e, ent-de-**ck**en — Bei der Silbentrennung gilt „ck" als **ein** Buchstabe (wie auch „ch").

Schlo**ss**, ri**ss**ig, wi**ss**en — Nach einem kurzen Vokal wird der Konsonant „s" zu „ss" verdoppelt.

Schlö**s-s**er, ri**s-s**ig, wi**s-s**en — Der Doppelkonsonant „ss" wird bei der Silbentrennung getrennt.

Fu**ß**, mü**ß**ig, grü**ß**en — Das Schriftzeichen „ß" kann nur nach langen Vokalen stehen.

Fü-**ß**e, mü-**ß**ig, grü-**ß**en — Bei der Silbentrennung wird „ß" wie ein einzelner Konsonant gewertet.

si**tz**en, schü**tz**en, Ka**tz**e
Si**tz**, Schu**tz**
(si**t-z**en, Ka**t-z**e) — Der Lautwert des Konsonanten „z" wird nach kurzem Vokal durch die Buchstabengruppe „tz" wiedergegeben. Bei der Silbentrennung wird „tz", wenn ein Vokal folgt, in **„t-z"** getrennt.

Sa**kk**o, Mo**kk**a
Pi**zz**a, Ski**zz**e — Fremdwörter mit „z" oder „k" behalten den Doppelkonsonanten.

☞ Silbentrennung, 4; zusammengesetztes Wort, 14

Phonem

(das Phonem, Plural: Phoneme, Neubildung aus dem Griechischen: Laut, Stimme)

3

Das Phonem ist die kleinste bedeutungsunterscheidende Einheit. Ein Laut ist dann ein Phonem, wenn durch seinen Austausch an der gleichen Stelle mit einem anderen Laut sich die Bedeutung des Wortes ändert. Phoneme sind immer nur durch Opposition (Gegenüberstellung) zu anderen Phonemen zu bestimmen.

Beispiele:

b**e**ten, b**e**tten
K**a**hn, k**a**nn
r**ie**t, r**i**tt — kurzer oder langer Laut an der gleichen Stelle

Matte, **W**atte
s**a**gen, S**e**gen
Lau**s**, Lau**f** — verschiedener Laut an der gleichen Stelle

Silbe

Silben sind die kleinsten Lautgruppen oder -verbindungen, aus denen sich ein Wort aufbaut. Der Grundbestandteil ist immer ein Vokal als Tonträger (Selbstlaut). Ein Wort kann aus einer oder mehreren Silben bestehen.

Stand, Vor**stand**, **stand**haft

Jedes Wort hat eine Stammsilbe.

Sicht, **Durch**sicht, sicht**bar**

Durch Anfügen weiterer Silben entstehen neue Wörter, die alle zu einer gemeinsamen Wortfamilie gehören.

Diese Silben heißen:

Eingang, **Aus**fahrt, **Vor**sicht, **un**frei, **ver**kaufen, **be**schreiben

- Vorsilben oder Präfixe (das Präfix, lat.: das vorne Angeheftete)

kind**lich**, sicht**bar**, fleiß**ig**

- Nachsilben oder Suffixe (das Suffix, lat.: das hinten Angeheftete)

Einige Präfixe und Suffixe sind ursprünglich selbstständige Wörter gewesen oder aus selbstständigen Wörtern entstanden.
Beispiele:

Durchfahrt, **Über**blick

- aus Präpositionen (durch, über);

freund**lich**

- aus einem Nomen, das „Leib", „Gestalt" bedeutete; heute noch in „Leiche";

frucht**bar**

- aus einem Adjektiv, das „tragend" bedeutete; heute noch in „Bahre".

Nach Gestalt und Betonung werden unterschieden:

Gebilde, **Zu**fahrt, zweier**lei**

- die offene Silbe (Am Silbenende steht ein Vokal.)

heim**lich**, **Um**gang, **Ver**stand

- die geschlossene Silbe (Die Silbe schließt mit einem Konsonanten.)

Rückfahrt, Ver**kauf**

- die betonte Silbe (Die Silbe trägt den Hauptton.)

Befehl, **ver**bind**lich**

- die unbetonte Silbe

In der deutschen Rechtschreibung wird zwischen Sprachsilben und Sprechsilben unterschieden. Sprachsilben sind die Bestandteile, aus denen ein Wort zusammengesetzt ist (zusammengesetzte Wörter). Sprechsilben sind die lautliche Untergliederung eines mehrsilbigen Wortes.

Haus-dach, Schiff-fahrt, Hoch-mut, stein-reich, neu-geboren

*Zusammengesetzte Wörter werden nach **Sprachsilben** getrennt.*

Durch-gang, Dunkel-heit, aus-sprechen, unter-bringen, durch-schau-bar, ver-käuf-lich, klein-lich

Dies gilt auch für abgeleitete Wörter, deren Grundwort durch ein Präfix und/oder Suffix erweitert ist.

Aber:
flei-ßig, lus-tig, hei-misch, franzö-sisch, Verpflich-tung

Suffixe wie „ig“, „isch“ oder „ung“ haben keinen eigenen Anfangskonsonanten; deshalb wird nach Sprechsilben getrennt.

*Einfache mehrsilbige Wörter und Teilwörter in Zusammensetzungen oder Ableitungen werden nach **Sprechsilben** getrennt. Dabei gilt im Einzelnen:*

Lie-be, mü-de, a-ber, lau-fen

– Ein einzelner Konsonant kommt zur nächsten Silbe.

Sil-ber, Imp-fung, Mes-se, Meis-ter, ord-nen, bin-den, am schöns-ten

– Bei mehreren Konsonanten kommt der letzte Konsonant zur nächsten Silbe.

Mün-chen, rau-schen, Zu-cker, flie-ßen

– „ch“, „sch“, „ck“, „ß“ werden nicht getrennt, wenn sie einen einzelnen Laut bezeichnen (ebenso: „ph“, „rh“, „sh“, „th“)

Beachte:
Erst-auf-lage, er-stel-len, Mess-er-geb-nis, mes-ser-scharf, ent-ei-len, ver-tei-len

*Bei zusammengesetzten oder abgeleiteten mehrsilbigen Wörtern geht die Trennung nach **Sprach**- und **Sprechsilben** ineinander.*

Trennung nach Sprachsilben:
ein-ander, her-unter,
vor-aus, war-um

Trennung nach Sprechsilben:
ei-nander, he-runter,
vo-raus, wa-rum

Wenn Zusammensetzungen oder Ableitungen nicht (mehr) als solche ohne weiteres erkennbar sind, dann können sie auch nach Sprechsilben getrennt werden.

griech.: Chir/urg
(„Hand/werker")
Sprachsilben: Chir-urg
Sprechsilben: Chi-rurg

lat.: Inter/esse
(„dabei sein")
Sprachsilben: Inter-esse
Sprechsilben: Inte-resse

Die Schwierigkeit, zwischen Sprachsilben und Sprechsilben zu unterscheiden, besteht vor allem bei Fremdwörtern. Deshalb können Fremdwörter, deren Zusammensetzung nach der Herkunftssprache nicht (mehr) bekannt ist, auch in Sprechsilben getrennt werden.

griech.: Tele-gramm
(„Fern-schrift")

lat.: Sub-stanz
(„Unter-lage")

Im Normalfall ist jedoch die Trennung nach Sprachsilben entsprechend der Herkunftssprache zu bevorzugen.

1 Zerlege die Wörter nach den Regeln der Silbentrennung:
Bärenfang mit Butterbrot
Ein Forstarbeiter hatte im französischen Departement Allier einen jungen Bären gefunden. Auf dem Weg zur Arbeit in den Staatsforsten konnte er ein Tier entdecken, das er zunächst für ein großes Wildschwein hielt. Nachdem er seinen Wagen angehalten und die Tür geöffnet hatte, kletterte der zutrauliche Jungbär sogleich ins Auto und stürzte sich auf die belegten Brote des Arbeiters. Dieser nahm das Tier mit nach Hause, in der Hoffnung, dass sich der Besitzer melden würde.

2 Aus welchen Sprachsilben bestehen die Wörter:
Heimkehr – Standpunkt – Durchfahrt – Süßwasserfisch – Schülerfahrkarte – dunkelblau – standfest – todmüde – stinkfaul – einesteils – ausstatten – mitteilen – Manuskript – Seismograph – Overall – Sciencefiction

Morphem

(das Morphem, Plural: Morpheme, Neubildung aus dem Griechischen: Gestalt)

5 Morpheme sind die kleinsten bedeutungstragenden Einheiten einer Sprache. Man unterscheidet freie (ungebundene) und gebundene Morpheme.

Freie Morpheme:

Baum, gut, oft

– Es sind meistens einsilbige Wörter, die zum ältesten Bestand der Sprache gehören (Stammwörter). Sie treten als selbstständige Wörter mit eigener Bedeutung auf.

Gebundene Morpheme:

finden, Ver**steck**, Ge**bind**e

– Es sind Wortteile, die zwar nicht für sich allein stehen können, aber die „Wurzel“ oder der „Stamm“ für viele Ableitungen und Zusammensetzungen (zusammengesetzte Wörter) sind. Man spricht daher vom Wortstamm oder der Wortwurzel. Sie fordern ein weiteres oder weitere Morpheme.

bestellen, **ver**bieten, **Vor**dach, **Ein**blick, Ausstell**ung**, hinder**lich**

– Wortbildungsmorpheme (Präfix, Suffix; vgl. den Hinweis auf ihre sprachgeschichtliche Herkunft, Nr. 4)

die Kind**er**, des Haus**es**
er sag**t**, er sag**te**

– Flexionsmorpheme (Deklination und Konjugation)
Sie können auch aus mehreren Bestandteilen bestehen:

die H**äuser** – Umlaut äu und Pluralendung -er
du h**i**lf**st** – e/i-Wechsel und Konjugationsendung -st

☞ Silbe, 4; Präfix und Suffix, 11; Flexion, 25–26; Umlaut, 10; e/i-Wechsel, 140

Akzent – Wortakzent – Satzakzent

(der Akzent, Plural: Akzente, lat.: Ton, Betonung)

6

> In einem Wort werden nicht alle Silben gleich betont. Die Betonung der einzelnen Wörter im Satz hängt davon ab, ob ich etwas aussage, eine Frage stelle, einen Wunsch äußere – oder auch davon, welches Wort ich besonders hervorheben möchte.

Wortakzent

Betónung, verbíndlich
entzíehen, unterságen

In der deutschen Sprache sind die Wörter meistens auf der Stammsilbe betont.

eínkaufen, Eínkauf
aúswechseln, aúswechselbar

Eine Ausnahme davon bilden die Wortzusammensetzungen, die trennbare Verben sind oder auf trennbare Verben zurückgehen.

Satzakzent

Só habe ich es nicht gesagt.
Ích soll das gesagt haben?
Ich habe das nícht gesagt.
Er sprach mit mír (und nicht mit dír).

Der Satzakzent liegt auf dem Wort oder auf der Wortgruppe, die von der Aussageabsicht her am stärksten betont ist. Deshalb kann der Akzent im Satz wechseln.

☞ Stammsilbe, 4; trennbare Verben, 82; Silbentrennung, 4; Aussageabsicht, 209; Satzart, 201–209; Intonation, 7

3 Wo liegt der Wortakzent?
Wir **unterhalten** uns. – Er sorgt selbst für seinen **Unterhalt**. – Die **Unterhaltung** war sehr anregend. – Wir werden die Bedingung **einhalten**. – Du kannst das Buch **behalten**.

Intonation (Satzmelodie, Stimmführung)

(die Intonation, lat.: laut ertönen lassen, die Stimme heben)

7 Die Intonation eines Satzes ist Teil der Aussageabsicht. Nach der Aussageabsicht richten sich die Stimmführung und die Pausen.

Für die Intonation ist bestimmend:

– die Satzart

Aussagesatz

Der Weg führt über den Berg.

Fragesatz

Kommst du heute abend?

Wann kommst du wieder?

Aufforderungssatz

Geh nicht einfach fort von hier!

– die Gliederung des Satzes

Satzreihe

Ich bleibe hier; denn ich habe heute Zeit.

Satzgefüge

Ich bleibe hier, weil ich dir helfen will.

Weil ich dir helfen will, bleibe ich hier.

Ich werde, weil ich dir helfen will, noch etwas bleiben.

– die Hervorhebung einzelner Teile, meistens am Satzanfang

Das kann man nicht so sagen.

So kann man das nicht sagen.

Denken kannst du es schon, aber nicht sagen.

☞ Aussageabsicht, 209; Satzart, 201–209; Satzreihe, 211; Satzgefüge, 247

4 Wie kann der Satz gelesen werden? Setze die Satzzeichen:
Der Chauffeur denkt der Fahrgast wisse die Adresse

Wortlehre

Wortbildung

Wortstamm

Heute ist ein schöner Tag.	Tag
Ich schaue in den nächsten Tagen vorbei.	Tag**en**
Wir waren für einige Tage verreist.	Tag**e**
Er wohnt nicht weit von hier.	wohn**t**
Sie wohnen in der Stadt.	wohn**en**
Wo wohnst du?	wohn**st**
Die Tagung beginnt um 10 Uhr.	Tag**ung**
Das Haus ist sehr wohnlich.	wohn**lich**
Die Sitzung wurde vertagt.	**ver**tag**t**
Das Haus ist nicht bewohnt.	**be**wohn**t**

Der Wortstamm (auch: Wortwurzel) ist mit einem Baumstamm (Baumwurzel) zu vergleichen, aus dem in vielen Verästelungen die Baumkrone herauswächst. Die Verästelungen sind in der Sprache die Wörter einer Wortfamilie, die alle auf einen gemeinsamen Stamm zurückgehen bzw. sich aus ihm entwickelt haben. Den Wortstamm gewinnt man, wenn man von einem Wort die Flexionsendungen und weitere Zusätze der Wortbildung (z. B. Präfixe, Suffixe, Umlaut) abzieht.

die Tag**e**	Deklinationsendung
sie wohn**en**	Konjugationsendung
vertag**en**	Präfix und Konjugationsendung

Verschiedene Deklinations- und Komparationsformen werden mit dem Umlaut gebildet. Der Umlaut gehört nicht zum Wortstamm.

	Komparation	*Deklination (Plural)*
Das alte Haus wird umgebaut.	alt	Haus
Die älteren Häuser stehen leer.	**ä**lt**er**	H**ä**us**er**

alt, Haus	= Wortstamm
älter	= Wortstamm + Umlaut + Komparationsendung
Häuser	= Wortstamm + Umlaut + Pluralendung

5 Wie heißt der gemeinsame Wortstamm?
höflich, höfisch, Gehöft – versehentlich, angesehen, Ansehen – sperrig, Sperre, gesperrt

Ablaut

Jetzt werfen wir den Ball.	w**e**rfen
Sie warf über die Ziellinie hinaus.	w**a**rf
Wer hat den Ball geworfen?	gew**o**rfen
Das war ein großartiger Wurf.	W**u**rf

9 Der Ablaut findet sich in allen indoeuropäischen[1] Sprachen. Zu ihnen gehört auch das Germanische, aus dem sich das heutige Deutsch allmählich entwickelt hat. Der Ablaut ist der gesetzmäßige Wechsel des Stammvokals in einem Wortstamm; mit seiner Hilfe entstand das System der starken Verben.

b**e**rg- en	Präsens	1. Stammform
b**a**rg	Präteritum	2. Stammform
ge -b**o**rg- en	Partizip II	3. Stammform

Es gibt mehrere Ablautreihen, aus denen die Stammformen der starken Verben gebildet sind:

z. B. i – a – o	schw**i**mmen	– schw**a**mm	– geschw**o**mmen
a – u – a	f**a**hren	– f**u**hr	– gef**a**hren
ei – i – i	r**ei**ten	– r**i**tt	– ger**i**tten

Der Ablaut findet sich auch in anderen Wortarten:

w**e**rfen	– Verb	r**ei**ßen	– Verb
W**u**rf	– Nomen	r**i**ssig	– Adjektiv

☞ Wortstamm, 8; starke Verben, 80; Wortarten, 24–159

[1] „Indoeuropäisch" bezeichnet alle Sprachen von Indien bis Europa, die miteinander verwandt sind. Eine ältere Bezeichnung ist „indogermanisch" (Abkürzung: idg.), die auch noch häufig verwendet wird (Einzelheiten vgl. Nr. 20–22).

Umlaut

Es war eine sternklare Nacht.	N**a**cht
Die Nächte werden länger.	N**ä**chte
Die Blätter fallen.	f**a**llen
Er fällt mit der Tür ins Haus.	f**ä**llt
Die Freude war groß.	gr**o**ß
Ich bin größer als du.	gr**ö**ßer

Der Umlaut entstand im Althochdeutschen (7.–10. Jahrhundert); im Mittelhochdeutschen (12.–13. Jahrhundert) setzte er sich allgemein durch. Der Umlaut ist eine Veränderung (Aufhellung) eines Vokals unter dem Einfluss eines „i“ oder „j“ in der nachfolgenden Silbe. Das „i“ oder „j“ der nachfolgenden Silbe ist im Verlauf der historischen Sprachentwicklung meist verschwunden; der Umlaut ist aber geblieben.

Althochdeutsch	Mittelhochdeutsch	Neuhochdeutsch
n**a**hti (h gleich ch)	n**ä**hte	N**ä**chte

Umlautfähig sind:

a zu ä	N**a**cht	–	N**ä**chte
o zu ö	H**o**f	–	h**ö**fisch
u zu ü	G**u**t	–	G**ü**ter
au zu äu	l**au**fen	–	l**äu**ft
a zu e	er l**a**g	–	ich l**e**ge

Am häufigsten tritt der Umlaut als Pluralzeichen auf:

H**au**s	–	H**äu**ser
Gr**a**s	–	Gr**ä**ser
Z**u**g	–	Z**ü**ge

☞ Plural, 34

Präfix und Suffix

(das Präfix, Plural: Präfixe, lat.: das vorne Angeheftete
– das Suffix, Plural: Suffixe, lat.: das hinten Angeheftete)

Er übersah den Fehler.	**über**sah
Er versuchte sich zu verbergen.	**ver**bergen
Wir kamen in der Dunkelheit an.	Dunkel**heit**
Das Gebüsch war sehr dicht.	**Ge**büsch
Sei doch nicht so kleinlich!	klein**lich**
Das Gelände war uneben.	**un**eben

11

Mit Präfixen und Suffixen werden neue Wörter gebildet. Präfixe und Suffixe können nicht selbstständig eingesetzt werden; sie sind an einen Wortstamm oder an ein Wort, aus dem sie einen neuen Begriff ableiten, „angeheftet“. Meistens bestehen sie aus einer Silbe; deshalb spricht man auch von Vorsilben und Nachsilben.

Bei der Wortbildung (Ableitung) können auch mehrere Präfixe und/oder Suffixe verwendet werden:

Gefährlichkeit	**Ge**/fähr/**lich**/**keit**
überdeutlich	**über**/deut/**lich**

Präfixe und Suffixe sind Bedeutungsträger. Sie können z. B.

- verneinen oder verstärken:
  unheilbar, erfrieren
- den Anfang oder das Ende angeben:
  erblühen, verblühen
- vergleichen:
  märchenhaft, sommerlich
- eine Mehrzahl oder Gesamtheit zusammenfassen:
  Menschheit, Kundschaft, Gebüsch, Gehöft
- etwas abschwächen oder verkleinern:
  lächeln, kränklich, Vöglein

☞ Silbe, 4; Wortstamm, 8; Ableitung, 12, 13

6 Bilde Wörter aus dem Wortstamm *fahr-*.

Ableitungen (abgeleitete Wörter)

Ableitungen sind Bildungen von Wörtern aus einem Stammwort oder einem Wortstamm mit Hilfe von Präfixen und Suffixen (teilweise auch durch Ablaut und Umlaut). Dabei können die Wörter von einer Wortart in die andere wechseln.

	Ableitungen:
Verben	
Der Wind treibt die Blätter. Ich **vertreibe** mir die Zeit. Die Temperatur sinkt. Das Schiff **versinkt**.	aus Verben
Er hat einen großen Fisch gefangen. Wir **fischen** im Main. Die Bremse ist zu schwach; wir müssen scharf **bremsen**.	aus Nomina
Das Pferd ist lahm. Das Pferd **lahmt**. Der Apfel ist faul. Das Obst **fault**.	aus Adjektiven
Nomina	
Er ist ein Meister seines Fachs. Er gewann dieses Jahr die deutsche **Meisterschaft**. Der Strauch blüht. Wir reißen das **Gesträuch** aus. Sie treiben fleißig Sport. Er ist ein guter **Sportler**.	aus Nomina
Es ist schon dunkel. In der **Dunkelheit** kann man kaum noch etwas sehen. Er ist in geheimer Mission unterwegs. Wir haben ein **Geheimnis**. Ich bin mit ihm nicht verwandt. Wir besuchen unsere **Verwandtschaft**.	aus Adjektiven
Der Schiedsrichter griff in das Spiel ein. Der Arzt entschloss sich zum operativen **Eingriff**.	aus Verben

Wir haben das Spiel verloren. Dieser **Verlust** betrübte ihn sehr. Er war ein guter **Verlierer**.
Es wurden drei Zeugen vernommen. Die **Vernehmung** dauerte fast zwei Stunden.

Adjektive

Der Güterzug war sehr lang. Das Auto fuhr **langsam** in die Kurve. Die Ampel leuchtet grün auf. Ein **grünlicher** Farbton überzog das Metall.	aus Adjektiven
Die Mode ändert sich oft. Er kleidet sich **modisch**. Er hatte eine sichere Hand. Er sprang **behände** über den Bach.	aus Nomina
Ich hörte ihn nicht. Der Ton war gut **hörbar**. Sie vertrat den Klassensprecher. Diese Meinung ist schwer **vertretbar**.	aus Verben

13 *Möglichkeiten der Ableitung:*

– mit Präfix oder Suffix aus der gleichen Wortart

Verb:	ziehen, sagen	– entziehen, versagen
Nomen:	Berg, Kunde	– Gebirge, Kundschaft
Adjektiv:	arm, froh	– ärmlich, fröhlich

– mit Präfix oder Suffix aus einer anderen Wortart

Nomen:	Dampf, Erde	– Verb: verdampfen, beerdigen
Adjektiv:	krank, kurz	– Verb: erkranken, verkürzen
Verb:	leuchten, läuten	– Nomen: Leuchter, Geläut
Adjektiv:	klug, fremd	– Nomen: Klugheit, Fremdling
Verb:	zerbrechen, liefern	– Adjektiv: zerbrechlich, lieferbar
Nomen:	Furcht, Sport	– Adjektiv: furchtsam, sportlich

– ohne Präfix oder Suffix aus einer anderen Wortart

Adjektiv:		Verb:		Nomen:
reif	–	reifen	–	Reife
warm	–	wärmen	–	Wärme
kurz	–	kürzen	–	Kürze

– Wechsel in eine andere Wortart

Die häufigste Form ist die Substantivierung (lat.: Verwandlung in ein Nomen)

Verb (Infinitiv):	Substantivierter Infinitiv:
flimmern	Das Flimmern in den Augen ließ nicht nach.
Verb (Partizip):	Substantiviertes Partizip:
eingemacht	Im Keller stand ein Regal mit Eingemachtem.
Adjektiv:	Substantiviertes Adjektiv:
blau	Der Himmel leuchtet in einem tiefen Blau.
neu	Wir erfuhren nichts Neues.
lang und breit	Sie berichten des Langen und Breiten darüber.
einzeln	Im Einzelnen ist noch einiges zu bereden.
gleich	Man sollte nicht Gleiches mit Gleichem vergelten.
gut	Wir wünschen euch alles Gute. Es wird wohl das Beste sein, wenn wir gehen.
deutsch, englisch	Es sprechen mehr Menschen Englisch als Deutsch.
Numerale:	Substantiviertes Numerale:
tausend	Es strömten Tausende ins Stadion.
dritter	Jeder Dritte hat Haltungsschäden.
Pronomen:	Substantiviertes Pronomen:
du	Sie bot ihr das Du an.
Adverb:	Substantiviertes Adverb:
heute	Wir leben im Heute.
Präposition:	Substantivierte Präposition:
für, wider	Das Für und Wider hält sich die Waage.
Konjunktion:	Substantivierte Konjunktion:
wenn, aber, sowohl . . . als auch	Dieses ewige Wenn und Aber oder Sowohl-als-auch geht mir auf die Nerven.

☞ Stammwort, 5; Wortstamm, 8; Präfix, 11; Suffix, 11; Ablaut, 9; Umlaut, 10; Wortart, 24–159

7 Welche Wörter liegen den Ableitungen zugrunde? Wie wurde abgeleitet?

Gefühl, Wohnung, Verzeichnis, Zähler, Höhle, Gebälk, Finsternis, Ortschaft, Flüssigkeit – eisern, kränklich, heutig, neidisch, zerbrechlich, unlöslich, kleinlich – hämmern, ackern, schärfen, sichern, ängstigen, reinigen, enterben, begreifen, vertagen.

Zusammensetzungen (zusammengesetzte Wörter)

ein Holzhaus	– ein Haus aus Holz
eine Steilküste	– eine Küste, die steil ist
ein Waschautomat	– ein Automat, der wäscht
himmelblau	– blau wie der Himmel
hellblau	– ein helles Blau
fahrbereit	– bereit(,) um gefahren zu werden oder: bereit(,) um zu fahren
nachlaufen	– Ich laufe dir nicht nach.
freisprechen	– Der Richter sprach den Angeklagten frei.

14 Zusammensetzungen sind Wörter, die aus zwei oder mehreren selbstständig vorkommenden Wörtern entstanden sind. Bestimmungs- und Grundwort können aus der gleichen oder einer jeweils anderen Wortart stammen.

Das Dach muss repariert werden.
Was für ein Dach muss repariert werden?
Unser **Hausdach** muss repariert werden.

Dach ist das Grundwort. **Haus** ist das Bestimmungswort (das Dach eines Hauses), das über das Grundwort genauere Auskunft gibt. Das Grundwort bestimmt das Genus des zusammengesetzten Nomens. Das Bestimmungswort steht an der ersten Stelle, das Grundwort an der zweiten.

	der Stahl		das Dach	
	Bestimmungswort	+	Grundwort	
das	Stahl	–	dach	(ein Dach aus Stahl)

Wie wichtig die Unterscheidung zwischen Bestimmungswort und Grundwort ist, zeigen folgende Gegenüberstellungen:

die Druckluft	– der Luftdruck
das Quellwasser	– die Wasserquelle
die Sandwüste	– der Wüstensand

☞ Wortart, 24–159

8 Wie heißen die Bestandteile (Bestimmungs- und Grundwort)?
Zu welcher Wortart gehören sie?
Standplatz, Stehplatz, Freiplatz, Gesetzgebung, Wärmeregler, Möbelschreiner –
nasskalt, todkrank, treffsicher, leichtgläubig, hilfsbereit.

9 Wie lauten die Ausdrücke in **einem** Wort?
Kost aus rohem Gemüse – getrocknetes Obst – Verschalung aus Holz – gestrandetes Gut – jemand, der ein Auto fährt – eine Brücke, die aus Beton gebaut ist

10 Worin besteht der Unterschied?
Hausboot – Bootshaus
Wurfspeer – Speerwurf
Hausgerät – Gerätehaus
Stadtgrenze – Grenzstadt

11 Wie lassen sich die zusammengesetzten Wörter in einem Satz umschreiben?
Wolkenkratzer – Zankapfel – Einbahnstraße – Leuchtreklame – Hochseesegler – Kurzarbeiter – Lastwagen

Wortbedeutung (Semantik)

(die Semantik, griech.: zum Zeichen gehörend)

Sprachliche Zeichen

Die Sprache ist nur eines von vielen Zeichensystemen. Ein Zeichen besteht aus einem Signal und der Bedeutung, die mit dem Signal verbunden wird. Dies lässt sich sehr gut an den Verkehrszeichen verdeutlichen: Das Verkehrsschild wird verstanden, weil über seine Bedeutung eine Übereinkunft besteht, deshalb ist es ein Verkehrszeichen. 15

Auf die Sprache übertragen bedeutet dies:

Signal	=	Ausdruck, Wortgestalt, Satzgestalt
Bedeutung	=	Inhalt eines Wortes oder eines Satzes
Zeichen	=	Wort, Satz, Text

Oder: Ausdruck + Inhalt = **Sprache**

Semantisches Merkmal (Bedeutungsmerkmal)

16 Semantische Merkmale sind Bestimmungen oder Eingrenzungen des Bedeutungsbereiches eines Wortes. Bestimmend für die Bedeutung des Wortes ist jeweils der Zusammenhang (Kontext), in dem es verwendet wird.

Ein Beispiel:

Wenn ich von einem Pferd spreche, dann ist darin eingeschlossen, dass ich von einem Lebewesen, einem Säugetier, einem Unpaarhufer spreche. Rede ich von einer Stute, dann grenze ich meine Aussage auf ein weibliches erwachsenes Pferd ein, im Unterschied z. B. zu einem Hengst.

Der Bedeutungsbereich kann sich aber verändern, wenn ich das Wort Pferd in einem übertragenen Sinne verwende; im Sport versteht man unter Pferd ein Turngerät für Spring- und Schwingübungen, das aus einem lederüberzogenen Holzkasten besteht. Die Merkmale der zoologischen Bestimmung treffen für diese Art der Verwendung des Wortes nicht mehr zu.

12 Was ist gemeint?
Der Franzose übernahm die Führung. – Der Franzose ist für die Schraube zu klein.
Die Wanzen sind Halbflügler. – Im Hörer war eine Wanze versteckt.

Wortfamilie

17 Wörter, die auf einen gemeinsamen Ursprung (Wortstamm) zurückgehen, bilden eine Wortfamilie. Die Wörter können verschiedenen Wortarten angehören. Ihre Gemeinsamkeit bezieht sich nur auf die Herkunft, nicht auf die Sinnverwandtschaft; denn durch Ableitung und Zusammensetzungen entstehen neue Wörter mit neuen Bedeutungen. Es kommt jeweils darauf an, in welchem Zusammenhang (Sachfeld) das Wort steht oder verwendet wird. Die ursprüngliche Bedeutung des Wortstammes kann dabei ganz zurückgedrängt werden.

Beispiele:

stehen, stand, gestanden		
	Stand	ständisch
		ständig
	Standfestigkeit	standfest
	Standhaftigkeit	standhaft
	Ständchen	
	Ständer	
bestehen	Bestand	beständig
verstehen	Verstand	verständig
	Verständlichkeit	verständlich
	Verständnis	verständnisvoll
sich verständigen	Verständigung	
umstehen	Umstand	umständlich
anstehen	Anstand	anständig
aufstehen	Aufstand	aufständisch
stunden	Stunde	stündlich
	Überstunden	
	Stundung	
	usw.	

☞ Wortstamm, 8; Wortarten, 24–159; Ableitungen, 12–13; Zusammensetzungen, 14; Sachfeld, 18

13 Wie heißt das Ursprungswort?
Entgelt – Herkunft – Ausgang – Unterschlupf – Angebot – Behändigkeit – verlässlich – lebendig – kärglich – köstlich – vernünftig – verständigen – empfangen – besichtigen – beschriften – nummerieren

Wortfeld – Sachfeld

18 Inhaltlich verwandte Wörter (auch Wendungen) unterschiedlicher Herkunft bilden ein Sachfeld, d. h. sie beziehen sich auf einen gemeinsamen Sachverhalt (z. B. seinen Unmut äußern: tadeln, rügen, schimpfen, schreien, die Stirn runzeln). Man verwendet auch die Bezeichnung Wortfeld. Die Struktur des Wortfeldes richtet sich nach den semantischen (bedeutungsmäßigen) Gesichtspunkten, nach denen es geordnet ist. Jedes Wort hat in dieser Struktur einen festen Platz, der seine inhaltliche Nähe oder Ferne zu anderen Wörtern anzeigt.

Toben
Wut
Zorn
Ärger ↖

Verzweiflung
Schmerz
Niedergeschlagenheit
Trauer ↗

Gemütsäußerung

↓

Freude
Heiterkeit
Jubel
Begeisterung

Ein Wort kann verschiedene Bedeutungen haben (aufgeben: einen Brief aufgeben, einen Plan aufgeben, eine Seite Wörter aufgeben); deshalb kann es auch verschiedenen Sachfeldern (Wortfeldern) angehören. Seine genaue Bedeutung ergibt sich jeweils aus dem Sinnzusammenhang.

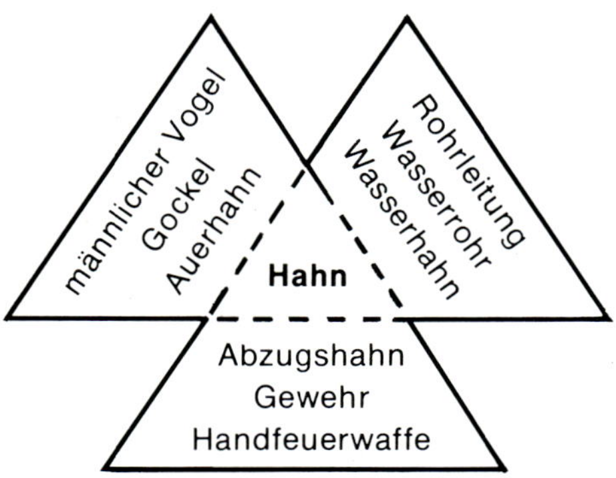

☞ semantisches Merkmal, 16

14 Ordne die Reaktionen nach dem Grad der Heftigkeit:
Sich wundern, erstaunt sein, die Hände über dem Kopf zusammenschlagen, sich empören, es unglaublich finden, es gelassen hinnehmen, es geflissentlich übersehen, toben, sich nicht beruhigen können, es nicht fassen können, verbindlich lächeln, wüten, außer sich sein.

15 Wie heißt das jeweils zugrunde liegende Sachfeld?
Die Blätter fallen vom Baum. – Das Blatt hat sich gewendet. – Er hat ein Blatt aus dem Heft gerissen. /
Das Lager war heiß gelaufen. – Der Wanderer suchte ein Lager für die Nacht. – Im Lager haben wir noch einiges auf Vorrat. /
Die Hose rutschte, weil der Bund zu weit war. – Ich sei, gewährt mir die Bitte, in eurem Bunde der Dritte. /
Hast du die Bremse angezogen? – Auf deinem Arm sitzt eine Bremse. /
Er hat sich am Knie verletzt. – Das Knie ist undicht; es läuft Wasser aus. /
Du hast dein Heft sehr ordentlich geführt. – Er nahm ihm das Heft aus der Hand. – Er fasste die Feile am Heft. – Haben wir noch Heftpflaster im Haus?

Oberbegriff – Unterbegriff

19

> Der Oberbegriff nennt das gemeinsame Merkmal einer Gruppe von Wörtern. Der Inhalt des Oberbegriffs ist umfassender als der Inhalt der Wörter, die unter ihm zusammengefasst sind.

Oberbegriff: Erdteile

Afrika — Europa — Asien — Amerika — Australien

Die Aufgliederung kann über mehrere Stufen, d. h. Unterbegriffe, führen:

Erdteile:	Europa	Amerika
Länder:	Italien, Frankreich	Kanada, USA
Bundesstaaten:		Texas, Kalifornien, Virginia (USA)

☞ Sachfeld, 18

16 Suche den Oberbegriff heraus.

Gesetzgeber, Rechtsprechung, Gewaltenteilung, Regierung –
Einnahmen, Buchführung, Ausgaben, Übertrag –
Schiff, Flugzeug, Transportmittel, Auto, Fuhrwerk –
Eiche, Pflanze, Gras, Kraut, Tomate

17 Welches Wort gehört nicht in die Reihe?

Darlehen, Konto, Kredit, Stundenlohn, Zins –
Rente, Gehalt, Arbeitszeit, Pension, Verdienst, Lohn –
Angestellter, Arbeiter, Beamter, Schaffner –
Wiesbaden, München, Regensburg, Dresden –
Opposition, Koalition, Parlament, Bundestag, Jahrestag

Erbwort

Das Deutsche gehört wie das Englische zu den germanischen Sprachen, die miteinander verwandt sind. Die Verwandtschaft zeigt sich besonders im Wortschatz und zum Teil auch bei Formen der Flexion (Beugung): to sing, sang, sung – singen, sang, gesungen. Die germanischen Sprachen (z. B. Deutsch, Englisch, Schwedisch, Dänisch, Niederländisch) haben sich im ersten vorchristlichen Jahrtausend im Verlaufe einer jahrhundertelangen Entwicklung aus dem Verband der indoeuropäischen Sprachen (z. B. Indisch, Griechisch, Lateinisch, Keltisch, Slawisch) herausgelöst. Dies geschah durch eine allmähliche Änderung des Wort- und Formenbestandes. Trotzdem blieb die wechselseitige Beeinflussung der Sprachen bestehen.

20 Wörter, die zum ursprünglichen Bestand der deutschen Sprache gehören, heißen Erbwörter. Sie lassen sich bis in die Anfänge der germanischen Sprachentwicklung und z. T. bis ins Indoeuropäische zurückverfolgen. Für den Geschichtsforscher ist es sehr wichtig, welche Wörter in dieser frühen Zeit schon benutzt worden sind; denn aus diesen Wörtern kann er einiges über Lebens- und Arbeitsformen früherer Zeiten erfahren.

Beispiele:

Achse, Acker, Ähre, Angel, Balken, Beil, Dach, Deichsel, Egge, Faden, Feld, Furche, Gerste, Leder, Wachs, Wolle, mahlen, säen, scheren, weben

18 Welche Beispiele aus dem Englischen sind mit dem Deutschen verwandt?
to begin – to commence – the miracle – the wonder – old – ancient

Lehnwort

Wörter, die aus anderen Sprachen übernommen wurden und sich der Laut- und Formgestalt des Deutschen angepasst haben, heißen Lehnwörter.

Die Wörter sind nicht zufällig aus anderen Sprachen übernommen worden. Mit ihnen sind auch die Erfahrungen, Techniken, Gegenstände und Vorstellungen anderer Völker übernommen worden. Die Lehnwörter zeigen uns, was die deutschen Stämme von anderen Völkern gelernt haben oder was ihnen vermittelt worden ist.

Aus dem Lateinischen (1. bis 4. Jahrhundert):

Eine Aufzählung der Lehnwörter aus dem Lateinischen zur Zeit der römischen Besatzung liest sich fast wie eine kleine Kulturgeschichte. Um ihre Macht an der Nordgrenze des Reiches zu festigen, gründeten die Römer Städte und kultivierten das Land. Es begann ein reger Austausch mit den Einheimischen. Die Lehnwörter, die damals von den Germanen übernommen wurden, bezeugen dies: Zu ihnen gehören Wörter wie Straße, Pfahl, Mauer, Ziegel, Keller, Fenster, Pforte, Speicher, Sichel, Flegel, Kessel, Kübel, Schüssel, Kiste, – Wein, Most, Rettich, Kirsche, Kelter, Kohl, Semmel, – Kaufmann, Pfund, Münze, Zins, – Siegel, Kerze.
Dies ist nur eine kleine Auswahl.

Aus der griechischen und lateinischen Kirchensprache:

Auch die Christianisierung der Germanen hat in der Sprache ihre Spuren hinterlassen. Aus dem Lateinischen stammen Wörter wie Altar, Chor, Kreuz, Messe und Propst. An die Missionierung über Ostrom (Byzanz) erinnern Wörter aus dem Griechischen wie Engel, Teufel, Pfingsten, Kirche, Bischof.

Handelsbeziehungen:

Durch die intensiven Handelsbeziehungen im Spätmittelalter und in der Neuzeit sind weitere Wörter aus fremden Sprachen entlehnt worden. Begriffe aus der Handelssprache und dem Bankwesen wurden aus dem Italienischen übernommen, denn die oberitalienischen Städte waren bis zur Entdeckung der Neuen Welt die wichtigsten Handelszentren: Bank, Konto, Kredit, Kapital, Summe, Risiko, Konto usw. Wertvolle Stoffe und Spezereien kamen aus dem Orient und mit ihnen auch die Bezeichnung: Atlas, Damast, Samt, Muskat, Safran, Zimt usw. Aus Frankreich, führend im feinen Geschmack, wurden Wörter wie Pomade, Puder, Manschette, frisieren usw. übernommen; aber auch die Militärsprache richtete sich seit dem 17. Jahrhundert immer mehr nach dem französischen Vorbild: Artillerie, Karabiner, Munition, Soldat, Regiment, General usw.

22 Vielfach werden Begriffe und Bezeichnungen nicht einfach übernommen, sondern sinngemäß übersetzt. Diese Übertragungen heißen Lehnübersetzungen.

domus dei	Gotteshaus
manu scriptum	Handschrift
sky scraper	Wolkenkratzer

19 Wie heißen die Lehnwörter, die auf die lateinischen Beispiele zurückgehen?
fructus – tegula – fenestra – porta – vinum – census – cella – cista – caulis

20 Wie heißen die entsprechenden deutschen Lehnwörter zu den lateinischen Wörtern?
monachus – clocca – claustrum – hostia – paradisum – portale – tabula – capella – schola – magister

Fremdwort

23 Nicht alle Wörter, die aus anderen Sprachen übernommen wurden, haben sich der Laut- und Formgestalt des Deutschen angepasst. Wörter, die unverändert ins Deutsche übernommen wurden, heißen Fremdwörter.

Burg Weg	Pfalz Straße	Palais Chaussee
Erbwort	Lehnwort	Fremdwort

Sie tauchen bereits im XV. Jahrhundert in der deutschen Sprache auf. Zunächst sind es Übernahmen aus der lateinischen Gelehrtensprache (Element, Studium, Medikament, Abitur), später folgen Begriffe aus dem Italienischen (Giro, netto, brutto), dem Französischen (Gardine, Hotel, Balkon, Kostüm, Armee, Etat, Präsident, Koalition, Monteur, Ingenieur), dem Englischen (Pullover, Trainer, Start, Film, Hobby) und allen wichtigen Weltsprachen.

Neubildungen:
Im Sinne einer internationalen Verständigung, besonders auf den Gebieten der Naturwissenschaft, Technik und Politik, wurden Ausdrücke geschaffen oder übernommen, die in allen wichtigen Sprachen benutzt und verstanden wurden. Vielfach sind es Neubildungen aus dem Lateinischen und Griechischen: Elektrizität, Astrophysik, Atomreaktor, Aerodynamik, Lokomotive, Motor, Omnibus, Kosmonaut, Television, Telefon, Radio, Sozialismus, Föderalismus, Kollektiv usw.

Notwendige und vermeidbare Fremdwörter:
Viele Fremdwörter sind in die deutsche Sprache bereits so eingebürgert, dass sie gar nicht mehr als Fremdwörter empfunden werden. Es sind Wörter, für die sich nur schwer eine deutsche Entsprechung finden lässt; es sei denn: eine umständliche Umschreibung. Zu ihnen gehören Wörter wie Taxi, Auto, Bus, Friseur, Ingenieur, Rekord, Sport, Chef, Firma, Film, Tennis. Das Gleiche gilt für Fachausdrücke, die international eingeführt sind: so z. B. viele Begriffe der Sprachbeschreibung (Grammatik) oder der Computer-Technik. Anders ist es mit modischen Fremdwörtern, die überflüssigerweise verwendet werden, obwohl die deutsche Sprache gleichwertige Bezeichnungen hat: Top (Spitze), Fight (Kampf), Job (Stelle, Arbeit), Team (Gruppe), Test (Prüfung), Cover (Deckel, Hülle) usw.

Veränderungen in der Schreibweise:
Häufig gebrauchte Fremdwörter werden – wie schon die Lehnwörter – allmählich der deutschen Rechtschreibung angepasst. Die Übergänge sind fließend: Bureau/Büro, Sauce/Soße, (strike)/Streik, Ketchup/Ketschup, Exposé/Exposee, circa/zirka, substantiell/substanziell, Photographie/Fotografie.

21 Wie heißt es auf Deutsch?

Adresse	akzeptabel	dividieren
Differenz	generell	lamentieren
Tourismus	infam	dechiffrieren

22 Welche Fremdwörter sind hier sinngemäß übersetzt?
Augenblick – Grundstein – Anschrift – Rundfunk – Mundart – Haarschneider – Tierbändiger – Fahrkarte – Altertum – Geschwindigkeitsbegrenzung – Stoßzeit – Hubschrauber

23 Erkläre folgende Fremdwörter aus dem Englischen, die heute häufig gebraucht werden:
Job – Hobby – Teenager – Shorts – Pants – Jeans – Kilts – Teamwork – Swimmingpool – Softeis – Showmaster – Sciencefiction – Play-back – Bestseller – Manager – Boss

24 Bestimme die Herkunft der Wortteile und erkläre die Begriffe:
Konferenzschaltung – Saisonarbeiter – Starthilfe – Warentest – Motorflug – Hallentraining – Livesendung

Wortarten

Der Fisch schwimmt im Wasser.	schwimmen	schwimm**t**
Du schwimmst gut.		schwimm**st**
Wir schauen den Kindern zu.	Kind	Kind**ern**
Die schwülen Tage sind vorbei.	schwül	schwül**en**
Wir haben einen Hund.	ein	ein**en**
Ich helfe dir.	du	**dir**
Alle kamen zum Fest.	all-	all**e**
Wo geht ihr heute hin?	heute	
Ich fahre mit dem Rad.	mit	
Ich hoffe, dass du kommst.	dass	
Oh, das habe ich vergessen.	oh	

24 Der Wortschatz der deutschen Sprache lässt sich in zwei Großgruppen einteilen, in flektierte oder flektierbare (beugbare) und in unflektierte oder nicht flektierbare (unbeugbare) Wörter.

Wortschatz

flektierbare Wörter — nicht flektierbare Wörter

Die Flexion (Beugung der Wörter) gliedert sich in Deklination und Konjugation. Die Verben werden konjugiert, alle anderen flektierbaren Wörter werden dekliniert.

Wortschatz

flektierbare Wörter — nicht flektierbare Wörter

deklinierbare Wörter — konjugierbare Wörter

☞ Deklination, 24–58; Konjugation, 128–140

Die Deklination ist nach drei Merkmalen bestimmt:				25
Genus (Geschlecht)				
maskulin (männlich)			der Schreiner	
feminin (weiblich)			die Sonne	
neutral (sächlich)			das Bild	
Numerus (Zahl)				
Singular (Einzahl)			die Stadt	
Plural (Mehrzahl)			die Städte	
Kasus (Fall)				
Nominativ	(1. Fall, Wer-Fall)	Wer?	der Baum	
Genitiv	(2. Fall, Wes-Fall)	Wessen?	des Baumes	
Dativ	(3. Fall, Wem-Fall)	Wem?	dem Baum	
Akkusativ	(4. Fall, Wen-Fall)	Wen?	den Baum	

Die Konjugation ist nach fünf Merkmalen bestimmt:			26
Person			
1. Person	ich lese	wir lesen	
2. Person	du liest	ihr lest	
3. Person	er/sie/es liest	sie lesen	
Numerus (Zahl)			
Singular	ich schreibe		
Plural	wir schreiben		
Tempus (Zeit)			
Präsens	er liest		
Präteritum oder Imperfekt	er las		
Perfekt	er hat gelesen		
Plusquamperfekt	er hatte gelesen		
Futur I	er wird lesen		
Futur II	er wird gelesen haben		
Modus (Aussageweise)			
Indikativ	er sagt, er hat gesagt		
Konjunktiv	er sage, er habe gesagt		
	er ginge, er wäre gegangen		
Imperativ	geh! – geht!		
Genus des Verbs (Handlungsart)			
Aktiv	Sie erzählt eine Geschichte.		
Passiv	Eine Geschichte wird erzählt.		

27

Zu den deklinierbaren Wortarten gehören:
Nomen oder Substantiv (Nennwort, Hauptwort) das Kind, des Kindes, die Kinder
Artikel (Geschlechtswort) der Mann, die Frau, das Kind
Pronomen (Fürwort) er, dein Fahrrad, diese Straße
Numerale (Zahlwort) der Erste Mai, am dritten August
Adjektiv (Eigenschaftswort) ein neues Fahrrad, der hohe Baum

28

Zu den nicht flektierbaren Wortarten gehören:
Adverb (Umstandswort) vorn, hinten, heute, gestern, schon, noch
Präposition (Verhältniswort) in, an, auf, über
Konjunktion (Bindewort) weil, wenn, als, und, oder
Interjektion (Ausrufewort) oh! pfui! hoppla! ach!

Die nicht flektierbaren Wortarten fasst man auch unter dem Begriff „Partikeln" (lat.: Teilchen; Singular: die Partikel) zusammen.
Im engeren Sinn versteht man unter Partikeln (vergleichbar mit der Interjektion) Wörter, die eine Aussage „abtönen" **(Modalpartikeln)** oder „einstufen" **(Gradpartikeln)**.

Das kann **doch** nicht dein Ernst sein! Da hast du dich **ja** ganz schön geirrt. Das ist mir **denn doch** zu viel. Damit habe ich **allerdings** nicht gerechnet.	Modalpartikeln (aber, eben, schon, wohl usw.)
Das stand **sogar** in der Zeitung Darüber müssen wir **erst noch** reden.	Gradpartikeln (nur, selbst usw.)

Merke: Die Modalpartikeln und Gradpartikeln sind keine eigene Wortart; sie sind aus anderen (Grund-)Wortarten entstanden. Dabei haben sich z. T. Funktion und Bedeutung verändert.

☞ Nomen, 30–40; Artikel, 41–42; Pronomen, 43–50; Numerale, 51; Adjektiv, 51–68; Adverb, 142–150; Präposition, 151–155; Konjunktion, 156–158; Interjektion, 159

Übersicht über die Wortarten 29

Wortarten

- flektierbare Wortarten
  - deklinierbare Wortarten
    - Nomen
    - Artikel
    - Pronomen
    - Numerale
    - Adjektiv
  - konjugierbare Wortarten
    - Verb
- nicht flektierbare Wortarten
  - Adverb
  - Präposition
  - Konjunktion
  - Interjektion

Flektierbare Wortarten

Nomen (Substantiv)

(das Nomen, Plural: Nomina, lat.: Name, Nennwort – das Substantiv, Plural: Substantive, lat.: selbstständiges Wort)

30 Nomen ist eigentlich ein Oberbegriff. Früher fasste man unter ihm Substantiv (Hauptwort), Adjektiv (Eigenschaftswort) und Numerale (Zahlwort) zusammen. Heute meint man mit ihm nur das Substantiv.

☞ Adjektiv, 52–68; Numerale, 51

Inhaltliche Bestimmung

Franz hat einen Hund.	Lebewesen
Die Tomaten werden rot.	Pflanzen
Das Auto steht in der Garage.	Gegenstände
Müßiggang ist aller Laster Anfang.	Begriffe

31 Wenn ich mich auf eine bestimmte Person, ein bestimmtes Tier oder einen bestimmten Gegenstand beziehe, dann ist das Nomen ein Konkretum (Plural: Konkreta, lat.: körperlich, Gegenstandswort). Wenn ich mich auf etwas beziehe, das nicht gegenständlich („körperlich") ist, sondern nur gedacht (Begriffe, Vorstellungen, z. B. Freundschaft, Schuld, Freude) oder eine Sammelbezeichnung (z. B. Unkraut, Menschheit), dann ist das Nomen ein Abstraktum (Plural: Abstrakta, lat.: vom Gegenständlichen gelöst, Begriffswort). Die genaue Unterscheidung ist oft aber nur im Einzelfall, im Zusammenhang möglich (z. B. Hund: ein bestimmter Hund oder die Sammelbezeichnung für alle Hunde als ein Begriff in der Zoologie).

Verwendung im Satz

Die Blume blüht.	Wer?	Subjekt
Die Kuh frisst Gras.	Wen oder was?	Objekt
Ich fahre mit dem Zug.	Womit?	Adverbiale
Hans ist mein Freund.	Gleichsetzung	Prädikativum
Mein Freund Hans kommt heute.	Was für ein . . .?	Attribut

Bis auf das Prädikat kann das Nomen in allen Satzgliedern und Satzgliedteilen (Attribut) verwendet werden. 32

☞ Subjekt, 171–173; Objekt, 174–178; Adverbiale, 179–189; Prädikativum, 190–191; Attribut, 194–198; Prädikat, 165–170; Satzglieder, 164–192; Satzgliedteile, 194–198

Genus

(das Genus, Plural: Genera, lat.: Geschlecht)

der Wald **die** Straße **das** Auto	bestimmter Artikel
ein Baum **eine** Stadt **ein** Taxi	unbestimmter Artikel

Die Nomina haben meistens einen Artikel (Geschlechtswort) bei sich. Er gibt das Genus (Geschlecht) des Nomens an. 33

Man unterscheidet bei den Nomina drei Genera:

der Stein	maskulin	(männlich)	auch:	Maskulinum
die Nacht	feminin	(weiblich)	auch:	Femininum
das Brett	neutral	(sächlich)	auch:	Neutrum

der Mann	der Stier	maskulin	
die Frau	die Henne	feminin	natürliches Geschlecht
das Kind	das Fohlen	neutral	(Genus)

der Berg	der Schnitt	maskulin	
die Stadt	die Nachricht	feminin	grammatisches Geschlecht
das Haus	das Verbrechen	neutral	(Genus)

Das Genus des Artikels und des Nomens stimmt nicht immer mit dem natürlichen Geschlecht überein:

das Mädchen
das Knäblein

Mit dem Genuswechsel ändert sich auch die Wortbedeutung:

das Tau	dickes Seil
der Tau	wässriger Niederschlag während der Nacht
der Band	Buch
die Band	Musikgruppe
das Band	schmaler Streifen

25 Unterscheide:

der See	die See
das Gehalt	der Gehalt
das Verdienst	der Verdienst
das Schild	der Schild

Numerus

(der Numerus, Plural: Numeri, lat.: die Zahl)

Singular
(der Singular, lat.: Einzahl)

das Vieh	die Viehherden
der Regen	die Regengüsse
der Schnee	die Schneemassen

34

Einige Nomina können nur im Singular verwendet werden. Für den Plural müssen sie sich mit einem anderen Wort verbinden.

Plural
(der Plural, lat.: Mehrzahl)

Singular	Plural	Pluralbildung
der Rabe die Schiene	die Rabe**n** die Schiene**n**	mit Endung -n
der Mensch die Bahn	die Mensch**en** die Bahn**en**	mit Endung -en
der Park das Auto das Baby	die Park**s** die Auto**s** die Baby**s**	mit Endung -s
der Flügel das Segel	die Flügel die Segel	ohne Endung (das Wort verändert sich nicht)
der Apfel die Tochter das Kloster	die **Ä**pfel die T**ö**chter die Kl**ö**ster	ohne Endung, mit Umlaut
der Stein das Brot	die Stein**e** die Brot**e**	mit Endung -e
der Ball die Hand	die B**ä**ll**e** die H**ä**nd**e**	mit Endung -e und Umlaut
der Geist das Bild	die Geist**er** die Bild**er**	mit Endung -er
der Mann das Dach	die M**ä**nn**er** die D**ä**ch**er**	mit Endung -er und Umlaut

Einige Nomina – besonders wenn sie eine Mehrzahl bezeichnen – können nur in der Pluralform gebraucht werden.

Gebrüder	Unkosten
Geschwister	Ferien
Eltern	Lebensmittel
Leute	Personalien

26 Wie lässt sich der Plural bilden?
das Obst – das Getreide – das Laub – die Polizei – das Fleisch – der Streit – der Rat – der Hass – der Kaufmann – der Seemann

27 Welche Nomina können nur im Plural stehen?
Lebensmittel, Züge, Unkosten, Ferien, Blätter, Gebrüder, Schwestern, Eltern, Geschwister, Leute, Masern, Gläser, Jahreszeiten, Einkünfte, Zwillinge, Sämereien, Kosten, Trümmer, Vorfahren, Habseligkeiten, Spirituosen, Zinsen

28 Verschiedene Pluralformen. Was bedeuten sie?
die Tuche – die Tücher
die Worte – die Wörter
die Bänke – die Banken
die Bande – die Bänder

Kasus

(der Kasus, Plural: die Kasus, lat.: Fall)

35

Die Sonne geht auf.	Wer geht auf?	die Sonne	Nominativ
Die Hauptstadt der Vereinigten Staaten ist Washington.	Wessen?	der Vereinigten Staaten	Genitiv
Ich helfe meinem Bruder.	Wem hilfst du?	meinem Bruder	Dativ
Wir schreiben eine Arbeit.	Wen oder was schreibt ihr?	eine Arbeit	Akkusativ

In der deutschen Sprache gibt es vier Kasus.			
Wer oder was?	der Bruder	die Brüder	Nominativ (1. Fall, Wer-Fall)
Wessen?	des Bruders	der Brüder	Genitiv (2. Fall, Wes-Fall)
Wem?	dem Bruder	den Brüdern	Dativ (3. Fall, Wem-Fall)
Wen oder was?	den Bruder	die Brüder	Akkusativ (4. Fall, Wen-Fall)

Beachte:
Bei der Bestimmung der Nomina nach Genus, Numerus und Kasus muss zwischen Pluralsuffix und Kasusendung unterschieden werden.

die Kind**er**	**-er**	= Pluralsuffix
den Kinder**n**	**-n**	= Kasusendung

☞ Flexionsmorphem (Pluralsuffix), 5

Schwache Deklination

36

Singular		
	maskulin	feminin
Nominativ	der Student	die Farbe
Genitiv	des Student**en**	der Farbe
Dativ	dem Student**en**	der Farbe
Akkusativ	den Student**en**	die Farbe

Plural		
	maskulin	feminin
Nominativ	die Student**en**	die Farbe**n**
Genitiv	der Student**en**	der Farbe**n**
Dativ	den Student**en**	den Farbe**n**
Akkusativ	die Student**en**	die Farbe**n**

Zur schwachen Deklination gehören nur maskuline und feminine Nomina. Die Pluralendung ist in allen Formen -en bzw. -n. Das maskuline Nomen endet auch im Singular – mit Ausnahme des Nominativs – auf -en bzw. -n.

Starke Deklination

37

Singular			
	maskulin	neutral	feminin
Nominativ Genitiv Dativ Akkusativ	der Flügel des Flügel**s** dem Flügel den Flügel	das Dach des Dach**es** dem Dach(**e**) das Dach	die Stadt der Stadt der Stadt die Stadt

Plural			
	maskulin	neutral	feminin
Nominativ Genitiv Dativ Akkusativ	die Flügel der Flügel den Flügel**n** die Flügel	die Dächer der Dächer den Dächer**n** die Dächer	die Städte der Städte den Städte**n** die Städte

Alle Nomina, die den Plural mit Umlaut bilden, werden stark dekliniert.Die maskulinen und neutralen Nomina der starken Deklination haben im Genitiv Singular die Endung -s oder -es und im Dativ Plural die Endung -n. Im Dativ Singular kann die Endung -e angehängt werden. Die femininen Nomina bleiben im Singular unverändert; im Dativ Plural haben sie die Endung -n.Nomina, die den Plural mit -s bilden, bleiben in allen Pluralformen gleich (z. B. die Autos, der Autos).

☞ Umlaut, 10

Gemischte Deklination

38

Singular		
	maskulin	neutral
Nominativ Genitiv Dativ Akkusativ	der Strahl des Strahl**es** dem Strahl(**e**) den Strahl	das Ohr des Ohr**es** dem Ohr(**e**) das Ohr

Plural		
	maskulin	neutral
Nominativ Genitiv Dativ Akkusativ	die Strahl**en** der Strahl**en** den Strahl**en** die Strahl**en**	die Ohr**en** der Ohr**en** den Ohr**en** die Ohr**en**

Zur gemischten Deklination gehören maskuline und neutrale Nomina. Sie werden im Singular nach der starken und im Plural nach der schwachen Deklination gebeugt.

Zu den Nomina der gemischten Deklination gehören auch *der Buchstabe* (Genitiv: des Buchstab**ens**) und *das Herz* (Genitiv: des Herz**ens**).

29 Stark oder schwach oder gemischt dekliniert?
Ich bin des Redens müde.
Die einzelnen Reden werden veröffentlicht.
Ich fahre mit dem Wagen.
Seit Tagen regnet es.
Die Strahlen sind lebensgefährlich.
Wie viele Buchstaben hat das Alphabet?
Mein Schulranzen ist neu.

Deklination der Eigennamen

39

	mit Artikel	ohne Artikel
ein Eigenname	der Gerhard des Gerhard dem Gerhard den Gerhard ohne -s im Genitiv	Gerhard Gerhard**s** Gerhard Gerhard mit -s im Genitiv
zwei Eigennamen	die Werke des Friedrich Schiller ohne -s im Genitiv	Friedrich Schiller**s** Werke Von mehreren Namen wird nur der letzte dekliniert.
Titel vor Eigennamen	die Klasse des Studienrat**s** Maier Der Titel wird dekliniert.	Studienrat Maier**s** Klasse Name wird dekliniert.
	die Klasse des Studienrat**s** Doktor Maier Von mehreren Titeln wird nur der erste dekliniert	Studienrat Doktor Maier**s** Klasse Name wird dekliniert.
„Herr“	die Schüler des Herr**n** Müller „Herr“ wird immer dekliniert.	Herr**n** Müller**s** Schüler „Herr“ und Name werden dekliniert.
Namen in Anführungszeichen	die erste Seite des „Generalanzeiger**s**“	in Schillers „Räuber**n**“
	Namen von Zeitungen, Werken, Straßen, Gebäuden usw. werden dekliniert, auch wenn sie in Anführungszeichen stehen. Nur nicht, wenn eine nähere Bezeichnung vorangestellt ist; z. B. in Schillers **Drama** „Die Räuber“.	

Bildung von Nomina

Nach der Art der Bildung unterscheidet man drei Gruppen von Nomina:

Einfache oder ursprüngliche Nomina
Wort, Zahn, Baum, Gras, Fuß, Mond, Haus . . .

Abgeleitete Nomina

binden – das Band – der Bund geben – die Gabe gießen – der Guss		Ableitung durch Ablaut; meist aus Verben
warm – wärmer – Wärme tragen – der Träger faul – Fäule		Ableitung durch Umlaut
un- ur- miss- zer- ge- -e -de -el -er -t -lein -ling -ung -heit -keit -tum	Geduld – **Ungeduld** Wald – **Urwald** Brauch – **Missbrauch** Störung – **Zerstörung** Wasser – **Gewässer** treu – Treu**e** Bau – **Gebäude** heben – Heb**el** fahren – Fahr**er** Hof – **Gehöft** Blume – Blüm**lein** Lehre – Lehr**ling** bedienen – Bedien**ung** schön – Schön**heit** dankbar – Dankbar**keit** eigen – Eigen**tum**	Ableitung durch Präfix und/oder Suffix Merke: Die verschiedenen Formen der Ableitung treten nicht nur einzeln, sondern auch gemeinsam auf: Hof Gehöft ge- Präfix o/ö Umlaut -t Suffix

Präfixe und Suffixe der Wortbildung sind Bedeutungsträger.
ge- bedeutet z. B. eine Zusammenfassung einzelner Dinge (Berg, Gebirge), *-lein* gibt eine Verkleinerung an (Bach, Bächlein), *-er* nennt den Träger einer Tätigkeit (fahren, Fahrer) usw.

Zusammengesetzte Nomina

Zusammengesetzte Nomina bestehen aus Bestimmungswort und Grundwort:

der Stadt**kern**

← Stadt (Bestimmungswort) | → **Kern (Grundwort)**

Das Genus der zusammengesetzten Nomina richtet sich nach dem Grundwort:

der Kern – die Stadt → **der** Stadt**kern**

Baumkrone, Flusssand Erholungsgebiet, Seitenlänge Landesregierung, Staatskasse	Nomen + Nomen (Zusammensetzung mit Bindelaut) (Bestimmungswort im Genitiv)
Schlafwagen	Verb + Nomen
Heißluft	Adjektiv + Nomen
Wohltat	Adverb + Nomen
Viertakter, 3-Tonner	Numerale + Nomen
Mitgefühl, Ausblick	Präposition + Nomen

☞ Ableitungen, 12, 13; Stammwort, 5; Ablaut, 9; Umlaut, 10; Präfix – Suffix, 11; Zusammensetzungen, 14; Verb, 69–142; Adjektiv, 52–67; Adverb, 142–150; Numerale, 51; Präposition, 151–155

30 Aus welchen Wortarten sind die Nomina zusammengesetzt?
Kleinvieh, Straßenbahn, Schlepptau, Sofortprogramm, Unterbau, Sechszylinder

Artikel (Geschlechtswort)

(der Artikel, lat.: Gelenk)

41 Der Artikel ist ein Begleiter des Nomens. Er steht vor dem Nomen.

der Turm **die** Straßenbahn **das** Bild	der die das	bestimmter Artikel
ein Berg **eine** Fahrkarte **ein** Getränk	ein eine ein	unbestimmter Artikel

Wir besichtigen **das Schloss.**
das Schloss (Genus: neutral)

Die Kirschen werden gepflückt.
die Kirschen (Numerus: Plural)

Ich helfe **der Mutter.**
der Mutter (Kasus: Dativ)

Der Artikel trägt die Deklinationsmerkmale des Nomens, zu dem er gehört. Er verdeutlicht Genus, Numerus und Kasus. Die genaue Bestimmung von Genus, Numerus und Kasus ist aber meist nur in Verbindung mit dem Nomen möglich, da mehrere Deklinationsformen des Artikels gleich lauten.

das Grün der Wiesen
das Grün (substantiviertes Adjektiv)

das Flackern des Feuers
das Flackern (substantiviertes Verb)

das Auf und Ab der Wogen
das Auf und Ab (substantivierte Präpositionen)

Der Artikel verdeutlicht die Substantivierung von Verben, Adjektiven, Präpositionen usw.
(Substantivierung, lat.: Verwandlung in ein Nomen)

Deklination des Artikels 42

Bestimmter Artikel

	Singular		
	maskulin	neutral	feminin
Nominativ	der Ball	das Kind	die Stadt
Genitiv	des Balls	des Kindes	der Stadt
Dativ	dem Ball	dem Kind	der Stadt
Akkusativ	den Ball	das Kind	die Stadt
	Plural		
	maskulin	neutral	feminin
Nominativ	die Bälle	die Kinder	die Städte
Genitiv	der Bälle	der Kinder	der Städte
Dativ	den Bällen	den Kindern	den Städten
Akkusativ	die Bälle	die Kinder	die Städte

Im Plural sind die Formen des bestimmten Artikels für alle drei Genera gleich.

Unbestimmter Artikel

	Singular					
	maskulin		neutral		feminin	
Nominativ	ein	Turm	ein	Schaf	eine	Straße
Genitiv	eines	Turmes	eines	Schafes	einer	Straße
Dativ	einem	Turm	einem	Schaf	einer	Straße
Akkusativ	einen	Turm	ein	Schaf	eine	Straße

Beim unbestimmten Artikel entfällt der Plural. Die Nomina stehen ohne Artikel, wenn sie eine unbestimmte Menge oder Anzahl umfassen.

43 Pronomen (Fürwort)

(das Pronomen, Plural: Pronomina, lat.: für das Nomen)

Hans fährt mit dem Rad.
Er fährt mit dem Rad.
Wer fährt mit dem Rad?

Das Pronomen kann für das Nomen stehen, es vertreten; es ist Stellvertreter des Nomens.

Franz putzt **sein** Fahrrad.
Die Grenze verläuft in **dieser** Richtung.
Welche Farbe hat der Einband?

Das Pronomen kann ein Nomen begleiten, es genauer bestimmen; es ist Begleiter des Nomens.

☞ Nomen, 30–40

44 Personalpronomen

Die Kinder spielen.
Sie spielen.

Das Personalpronomen (persönliches Pronomen) bezeichnet stellvertretend Personen oder Sachen.

1. Person

Ich komme.
Der Lehrer erinnert sich **meiner**.
Gib **mir** das Buch!
Inge fragte **mich**.

Wir kommen.
Der Lehrer erinnert sich **unser**.
Gib **uns** bald Nachricht!
Franz fragte **uns**.

	Singular	Plural
Nominativ Genitiv Dativ Akkusativ	ich meiner mir mich	wir unser uns uns

2. Person

Bist **du** schon fertig?
Der Trainer nimmt sich **deiner** an.
Franz hilft **dir**.
Der Hausmeister sah **dich**.

Seid **ihr** bereit?
Der Trainer nimmt sich **euer** an.
Inge hilft **euch**.
Der Hausmeister hat **euch** gesehen.

	Singular	Plural
Nominativ Genitiv Dativ Akkusativ	du deiner dir dich	ihr euer euch euch

3. Person

Er schläft.
Die Freunde gedenken **seiner**.
Das Buch gehört **ihm**.
Die Freunde dachten oft an **ihn**.

Sie schlafen.
Der Verein gedachte **ihrer**.
Das Glück half **ihnen**.
Die Lehrerin lobte **sie**.

	Singular			Plural
	maskulin	feminin	neutral	für alle Genera gleich
Nominativ Genitiv Dativ Akkusativ	er seiner ihm ihn	sie ihrer ihr sie	es seiner ihm es	sie ihrer ihnen sie

Merke:

Bei der Anrede in der 3. Person wird das Personalpronomen immer großgeschrieben:
- in Briefen
  Wir danken **Ihnen** für das interessante Angebot.
- in Aufrufen und Erlassen
  Schreiben **Sie** sich bitte in die Liste ein!
- in Widmungen
  Für **Sie** zur Erinnerung an den schönen Urlaub.
- in Mitteilungen des Lehrers (bei Schularbeiten)
  Die Arbeit zeigt, dass **Sie** sich eingehend mit dem Thema beschäftigt haben.
- auf Fragebogen
  Seit wann wohnen **Sie** in dieser Straße?

Dies gilt auch für die Anredeform des Possessivpronomens in der 3. Person: Über **Ihre** Nachricht haben wir uns sehr gefreut. – Vergessen Sie nicht **Ihrer** Wahlpflicht nachzukommen! – Sie können auf **Ihre** Fortschritte in den letzten Monaten stolz sein.

Aber:

Anredeformen in der 2. Person und das Reflexivpronomen „sich“ werden kleingeschrieben: Lieber Fritz, ich danke **dir** herzlich für **deine** Urlaubsgrüße. – Liebe Eltern, könnt **ihr** mir bitte etwas Geld schicken? Herzlichst, **euer** Sohn.– Haben Sie **sich** schon angemeldet?

☞ Possessivpronomen, 47

45 Reflexivpronomen

(lat.: *reflectere,* zurückwenden)

Ich freue **mich**.
Du hilfst **dir** selbst.
Die Erde dreht **sich**.
Die Kinder freuen **sich**.

Das Reflexivpronomen (rückbezügliches Pronomen) steht dann, wenn sich etwas auf das Subjekt des Satzes zurückbezieht, d. h. wenn Subjekt und Objekt eines Satzes dieselbe Person oder Sache sind.

Er ärgert sich.
gleiche Person
Reflexivpronomen

Er ärgert mich.
verschiedene Personen
Personalpronomen

Das Reflexivpronomen stimmt in der 1. und 2. Person mit den Formen des Personalpronomens überein. Nur im Dativ und Akkusativ der 3. Person unterscheidet es sich vom Personalpronomen durch die Form **sich.** Der Nominativ kommt nicht vor.

3. Person

	Singular			Plural
	maskulin	feminin	neutral	für alle Genera gleich
Nominativ	–	–	–	–
Genitiv	seiner	ihrer	seiner	ihrer
Dativ	sich	sich	sich	sich
Akkusativ	sich	sich	sich	sich

☞ Subjekt, 171–173; Objekt, 174–178

Demonstrativpronomen

46

(lat.: *demonstrare,* hinweisen, zeigen)

Wenn ich **den** erwische!
An **dieser** Stelle stand das Auto.
Es geschah in **jenen** Tagen.
Derjenige, der es gesehen hat, soll sich melden.
Wir besuchen **dieselbe** Schule.

Das Demonstrativpronomen (hinweisendes Pronomen) weist auf etwas hin, das entweder schon bekannt ist oder genauer bestimmt werden soll.

der, die, das[1]

	Singular			Plural
	maskulin	feminin	neutral	für alle Genera gleich
Nominativ	der	die	das	die
Genitiv	dessen	deren	dessen	deren/derer
Dativ	dem	der	dem	denen
Akkusativ	den	die	das	die

[1] Aus dem Demonstrativpronomen **der, die, das** ist der bestimmte Artikel entstanden.

Kennt ihr noch die Zwillinge aus der Nachbarschaft? – Nein, deren können wir uns nicht mehr erinnern.

deren wird gebraucht, wenn es auf bereits Genanntes hinweist.

Die Zahl derer, die noch in das Stadion drängten, war sehr groß.

derer wird gebraucht, wenn es vorausweist.

dieser, diese, dieses – jener, jene, jenes

Singular				Plural
	maskulin	feminin	neutral	für alle Genera gleich
Nominativ	dieser	diese	dieses	diese
Genitiv	dieses	dieser	dieses	dieser
Dativ	diesem	dieser	diesem	diesen
Akkusativ	diesen	diese	dieses	diese

derjenige, diejenige, dasjenige – derselbe, dieselbe, dasselbe

Beide Demonstrativpronomen werden dekliniert wie bestimmter Artikel + Adjektiv (der Neue, die Neue, das Neue).

Singular				Plural
	maskulin	feminin	neutral	für alle Genera gleich
Nominativ	derjenige	diejenige	dasjenige	diejenigen
Genitiv	desjenigen	derjenigen	desjenigen	derjenigen
Dativ	demjenigen	derjenigen	demjenigen	denjenigen
Akkusativ	denjenigen	diejenige	dasjenige	diejenigen

Wir wohnen im selben Haus.

Wenn der Artikel sich mit einer Präposition verschmelzen kann, dann wird der zweite Wortteil abgetrennt: in demselben Haus – im selben Haus.

solcher, solche, solches

Das Demonstrativpronomen „solcher" steht im Sinne von „so beschaffen" oder „so groß". Es sagt etwas über die Beschaffenheit oder den Grad aus. In der Umgangssprache wird es auch durch „so" ersetzt.

Er schlug mit **solcher** Gewalt gegen das Brett, dass es brach.	Deklination wie das Adjektiv ohne Artikel
Einen solchen Sturm habe ich noch nicht erlebt.	Deklination wie das Adjektiv mit dem unbestimmten Artikel
Solch einen Sommer haben wir nicht jedes Jahr.	„solch“ wird nicht dekliniert.
Das sind **so** Sachen, die einen ärgern können. Wie kannst du nur **so eine** Behauptung aufstellen.	„so“ umgangssprachlich für das Demonstrativpronomen „solcher“

☞ Artikel, 41; Deklination des Adjektivs, 56–58

Possessivpronomen

47

(lat: *possidere,* besitzen)

Der Reisende hat **seine** Papiere verloren.
(Besitzangabe)

Du versäumst noch **deinen** Zug.
(Zuordnung)

Das Possessivpronomen (besitzanzeigendes Pronomen) gibt die Besitzverhältnisse an oder ordnet das eine dem andern zu. Wenn ich z. B. meinen Zug versäume, dann ist es nicht mein Zug, sondern nur der Zug, mit dem ich fahren möchte (Zuordnung).

Besitzangabe/Zuordnung: ich

	Singular		
	maskulin	feminin	neutral
Nominativ	mein Bruder	meine Schule	mein Bild
Genitiv	meines Bruders	meiner Schule	meines Bildes
Dativ	meinem Bruder	meiner Schule	meinem Bild
Akkusativ	meinen Bruder	meine Schule	mein Bild

Plural	
	für alle Genera gleich
Nominativ Genitiv Dativ Akkusativ	meine Eltern meiner Eltern meinen Eltern meine Eltern

Besitzangabe/Zuordnung: wir

Singular			
	maskulin	feminin	neutral
Nominativ	unser Bruder	unsere Schule unsre Schule	unser Bild
Genitiv	unseres Bruders unsres Bruders	unserer Schule unsrer Schule	unseres Bildes unsres Bildes
Dativ	unserem Bruder unsrem Bruder unserm Bruder	unserer Schule unsrer Schule	unserem Bild unsrem Bild unserm Bild
Akkusativ	unseren Bruder unsren Bruder unsern Bruder	unsere Schule unsre Schule	unser Bild
Plural			
	für alle Genera gleich		
Nominativ	unsere Eltern unsre Eltern		
Genitiv	unserer Eltern unsrer Eltern		
Dativ	unseren Eltern unsren Eltern unsern Eltern		
Akkusativ	unsere Eltern unsre Eltern		

Besitzangabe/Zuordnung: du

Singular						
	maskulin		feminin		neutral	
Nominativ	dein	Bruder	deine	Schule	dein	Bild
Genitiv	deines	Bruders	deiner	Schule	deines	Bildes
Dativ	deinem	Bruder	deiner	Schule	deinem	Bild
Akkusativ	deinen	Bruder	deine	Schule	dein	Bild

Plural		
	für alle Genera gleich	
Nominativ	deine	Eltern
Genitiv	deiner	Eltern
Dativ	deinen	Eltern
Akkusativ	deine	Eltern

Besitzangabe/Zuordnung: ihr

Singular						
	maskulin		feminin		neutral	
Nominativ	euer	Bruder	euere	Schule	euer	Bild
			eure	Schule		
Genitiv	eures	Bruders	euerer	Schule	eueres	Bildes
	eures	Bruders	eurer	Schule	eures	Bildes
Dativ	euerem	Bruder	euerer	Schule	euerem	Bild
	eurem	Bruder	eurer	Schule	eurem	Bild
	euerm	Bruder			euerm	Bild
Akkusativ	eueren	Bruder	euere	Schule	euer	Bild
	euren	Bruder	eure	Schule		
	euern	Bruder				

	Plural
	für alle Genera gleich
Nominativ	euere Eltern eure Eltern
Genitiv	euerer Eltern eurer Eltern
Dativ	eueren Eltern euren Eltern euern Eltern
Akkusativ	euere Eltern eure Eltern

Besitzangabe/Zuordnung: er – es

	Singular					
	maskulin		feminin		neutral	
Nominativ	sein	Bruder	seine	Schule	sein	Bild
Genitiv	seines	Bruders	seiner	Schule	seines	Bildes
Dativ	seinem	Bruder	seiner	Schule	seinem	Bild
Akkusativ	seinen	Bruder	seine	Schule	sein	Bild
	Plural					
	für alle Genera gleich					
Nominativ	seine Eltern					
Genitiv	seiner Eltern					
Dativ	seinen Eltern					
Akkusativ	seine Eltern					

Besitzangabe/Zuordnung:

sie (Femininum Singular), sie (alle drei Genera, Plural)

	Singular					
	maskulin		feminin		neutral	
Nominativ	ihr	Bruder	ihre	Schule	ihr	Bild
Genitiv	ihres	Bruders	ihrer	Schule	ihres	Bildes
Dativ	ihrem	Bruder	ihrer	Schule	ihrem	Bilde
Akkusativ	ihren	Bruder	ihre	Schule	ihr	Bild
	Plural					
	für alle Genera gleich					
Nominativ	ihre	Eltern				
Genitiv	ihrer	Eltern				
Dativ	ihren	Eltern				
Akkusativ	ihre	Eltern				

Ich bin **der Deine.**
Er liebt **die Seinen.**

Das Possessivpronomen mit vorausgehendem Artikel wird dekliniert wie Artikel + Adjektiv *(der Kranke).*

☞ Personalpronomen, 44; Deklination des Adjektivs, 55–58

Interrogativpronomen

48

(lat.: *interrogare,* fragen)

Wem gehört das Heft?
Wessen Heft ist das?
Was tust du?
Welchen Text meinst du?
Was für ein Baum ist das?

Das Interrogativpronomen (Fragepronomen) fragt nach einem Lebewesen, einem Ding, einem Begriff – oder nach einer genaueren Bestimmung des Genannten.

wer? was?

	Singular und Plural		
	maskulin	feminin	neutral
Nominativ	wer?	wer?	was?
Genitiv	wessen?	wessen?	wessen?
Dativ	wem?	wem?	wem?
Akkusativ	wen?	wen?	was?

welcher? welche? welches?

	Singular		
	maskulin	feminin	neutral
Nominativ	welcher (Schüler)?	welche (Frau)?	welches (Spiel)?
Genitiv	welches (Schülers)? welchen (Schülers)?	welcher (Frau)?	welches (Spiels)? welchen (Spiels)?
Dativ	welchem (Schüler)?	welcher (Frau)?	welchem (Spiel)?
Akkusativ	welchen (Schüler)?	welche (Frau)?	welches (Spiel)?
	Plural		
	für alle Genera gleich		
Nominativ	welche (Schüler, Frauen, Spiele)?		
Genitiv	welcher (Schüler, Frauen, Spiele)?		
Dativ	welchen (Schülern, Frauen, Spielen)?		
Akkusativ	welche (Schüler, Frauen, Spiele)?		

Welche Tiere gehören zu den Säugetieren?
Welches Bild meinst du?
Welche Interpretation ist am genauesten?

Das Interrogativpronomen „welcher?" fragt nach einem ganz bestimmten Lebewesen, Ding oder Begriff aus einer Gruppe gleicher/ähnlicher Lebewesen, Dinge oder Begriffe.

was für ein . . .?

Was für ein Shampoo verwendest du? – Eines für fettes Haar.
Mit was für Möbeln habt ihr euch eingerichtet? – Mit Möbeln aus einheimischen Hölzern.

Das Interrogativpronomen „was für ein . . .?“ fragt nach den Merkmalen oder Eigenschaften des Genannten.

An was für einen Blumenstrauß hast du gedacht?

Es wird nur der unbestimmte Artikel dekliniert.

Was für Vorteile erhoffst du dir davon?

Da der unbestimmte Artikel keine Pluralform hat, wird der Plural der Wortgruppe ohne den unbestimmten Artikel gebildet.

Was für einer ist der neue Chef?

Ohne Nomen wird dieses Interrogativpronomen wie ein Adjektiv ohne Artikel dekliniert: was für einer? was für eine? was für eines? (Plural: was für welche?).

☞ Deklination des Adjektivs, 55–58

Relativpronomen

49

(lat.: *referre,* auf etwas beziehen)

Die Frage, **die** du stellst, ist schwer zu beantworten.
Der Fahrer, **dessen** Auto in der Einfahrt steht, möge sich bitte melden.
Die Stadt, nach **welcher** gesucht wird, liegt an einem Fluss.

Ich bin mit vielem, **was** du sagst, einverstanden.

Das Relativpronomen (bezügliches Pronomen) hängt von einem Bezugswort ab, auf das es sich bezieht. Es stimmt mit dem Bezugswort in Genus und Numerus überein. Der Kasus richtet sich nach der Konstruktion des Nebensatzes.

„Was“ kann nur stehen, wenn es sich auf ein Indefinitpronomen (alles, manches, vieles usw.) bezieht.

der, die, das – welcher, welche, welches

Singular			
der Baum, (Maskulinum)	Nominativ	der	welcher
	Genitiv	dessen (Blätter)	dessen
	Dativ	dem	welchem
	Akkusativ	den	welchen
die Straße, (Femininum)	Nominativ	die	welche
	Genitiv	deren (Belag)	deren
	Dativ	der	welcher
	Akkusativ	die	welche
das Kind, (Neutrum)	Nominativ	das	welches
	Genitiv	dessen (Fahrrad)	dessen
	Dativ	dem	welchem
	Akkusativ	das	welches
Plural			
die Bäume, die Straßen, die Kinder,	Nominativ	die	welche
	Genitiv	deren (Beleuchtung)	deren
	Dativ	denen	welchen
	Akkusativ	die	welche

wer – was

Zur Deklination vergleiche Interrogativpronomen „wer? was?“.

☞ Nomen (Bezugswort), 31; Nebensatz, 212–246; Indefinitpronomen, 50; Interrogativpronomen, 48

Indefinitpronomen

(lat.: *definire,* bestimmen; daraus *indefinitus,* unbestimmt)

50 **Jedermann** ist willkommen. Ich sehe noch **keine** Lösung. **Einiges** muß noch geändert werden.

Das Indefinitpronomen (unbestimmtes Pronomen) bezeichnet ganz allgemein etwas (Lebewesen, Ding, Begriff), das nicht näher bestimmt ist oder nicht näher bestimmt werden soll.

Zu den Indefinitpronomina gehören:

einer, man, irgendein(er), irgendetwas, irgendjemand
einige, etliche, etwas, manch(er), mehrere
jeder, jedermann, jeglicher, sämtliche, alle
jemand, niemand, kein(er), nichts

Die meisten Indefinitpronomina werden wie ein Adjektiv ohne Artikel dekliniert. Unverändert bleiben „man“, „etwas“, „nichts“.

jemand, niemand, jedermann, jemand anderer

Nominativ	jemand	niemand
Genitiv	jemandes	niemandes
Dativ	jemand jemandem	niemand niemandem
Akkusativ	jemand jemanden	niemand niemanden
Nominativ	jedermann	jemand anderer jemand ander(e)s
Genitiv	jedermanns	jemandes anderen (Hut)
Dativ	jedermann (von)	jemand anderem jemandem anderen
Akkusativ	jedermann	jemand anderen jemanden ander(e)s jemand ander(e)s

Soweit die Indefinitpronomina unbestimmte Zahlen- oder Mengenangaben sind, kann man sie auch zu den Numeralia (Zahlwörtern) zählen.

☞ Deklination des Adjektivs, 55–58; Numerale, 51

31 Welche Pronomina werden in folgenden Sätzen verwendet?

Ich weiß nicht, was das bedeuten soll. Was meinen Sie damit? – Ich kann mit dieser Frage nichts anfangen; sie ist sehr unklar gestellt. – Die Frage, die du uns gerade gestellt hast, ist schwer zu beantworten. – Nach meiner Meinung müsste man sich dies nochmals genauer überlegen.

32 Bestimme die Pronomina nach Person, Numerus und Kasus:

Als ich ihn das erste Mal auf der Straße traf, erinnerte er mich an jene sonderbaren Gestalten, an diese skurrilen Figuren, die nicht selten die Märchen bevölkern. Irgendetwas an ihm fesselte mich, aber ich konnte nicht sagen, was es war. Müde sah er sich nach mir um. Der Mantel hing schwer auf seiner Schulter.

33 Setze das richtige Possessivpronomen ein:

Wem gehören diese Hefte? mir – Es sind . . . Hefte
(Franz, dir, Inge, uns, den Schülern, euch)

34 Bilde Sätze mit dem Personal- oder Demonstrativpronomen:

beim Namen rufen – wen?
bei der Arbeit helfen – wem?
sich genau erinnern – wessen?
oft denken müssen – an wen?
ins Schwimmbad gehen – mit wem?
einschlafen – wer?

Numerale

(das Numerale, Plural: Numeralia, lat.: Zahlwort)

51 Unter dem Begriff Numerale werden alle Wörter zusammengefasst, die eine bestimmte oder unbestimmte Zahl oder Menge angeben.

Als Wortart ist das Numerale nicht eindeutig festgelegt. Als Begleiter eines Nomens wird es Zahladjektiv genannt, als Stellvertreter eines Nomens Numeralpronomen (Zahlpronomen) bzw. Indefinitpronomen. Zu den Numeralia gehören auch die Zahlsubstantive.

die älteste Schwester die jungen Männer die eingeladenen Gäste	der **zweite** Bruder die **vier** Männer **vier** Männer die **vielen** Gäste **viele** Gäste	Zahladjektiv
Franz hielt durch. Sechzehn Läufer hatten sich gemeldet.	**Einer** hielt durch. **Vierzehn** gingen an den Start.	Numeralpronomen
Es kamen nur wenige Zuschauer. Sie spielten mehrere Stücke.	Es kamen **wenige**. **Einige** haben uns ganz gut gefallen.	Indefinitpronomen
Er stellte eine Gruppe von zwölf Leuten zusammen. Sie strömten in Scharen. Die Firma erzielte einen Riesengewinn.	Mit dir ist das **Dutzend** voll. Sie drängten zu **Hunderten.** Der Gewinn betrug über eine **Million.**	Zahlsubstantiv (Numeralnomen)

Zu den Numeralia gehören:

1. die Kardinalzahlen (Grundzahlen)
   – eins, zwei, drei, zwanzig, hundert, eine Million ...
2. die Ordinalzahlen (Ordnungszahlen)
   – der Erste, die dritte Auflage, vom Hundertsten ins Tausendste ...
3. die Bruchzahlen
   – ein viertel Kilo, drei Viertelstunden, ein halbes Pfund, ein Achtel, vier Fünftel des Umsatzes ...
4. die Vervielfältigungszahlwörter
   – einfach, zweifach, hundertfach, das Tausendfache
5. die Wiederholungszahlwörter
   – einmal, zweimal, das erste Mal, etliche Male, Dutzend Male ...
6. die unbestimmten Zahlwörter (vgl. Indefinitpronomina)
   – einige, mehrere, manche ...
7. die Gattungszahlwörter (Aufzählen unterschiedlicher Dinge oder Sachverhalte)
   – zweierlei, zehnerlei, hunderterlei, mancherlei, vielerlei

Zur Deklination der Kardinalzahlen

Gib ihm wenigstens noch eine Chance! Gib ihm noch die eine Chance! Er steht auf einem Bein.	Die Kardinalzahl „ein(s)" wird in allen Kasus dekliniert.
das Auto der zwei Männer – Aber: zweier Zeugen Aussagen	Wenn die Kardinalzahlen „zwei" und „drei" ohne Artikel stehen, werden sie im Genitiv Plural dekliniert.
Franz spielte mit vier Freunden. Aber: Er kroch auf allen Vieren. Geht bitte zu Zweien über die Straße!	Die Kardinalzahlen „zwei" bis „zwölf" werden im Dativ dekliniert, wenn sie ohne ein Nomen stehen.
Wir fuhren zu zweit (dritt, viert) im Auto.	Anstelle des Dativs wird auch die Endung -t gebraucht.
Er beschäftigt sich mit vielerlei / hunderterlei Dingen.	Die Gattungszahlwörter werden nicht dekliniert. Sie sind aus der Genitivform der Kardinalzahl oder des Pronomens und dem Suffix -lei gebildet.
Das Hundert kostet vier Mark. Der Schaden ging in die Tausende.	„hundert" und „tausend" können auch als Nomina (Zahlsubstantive) verwendet werden.
Sie rechneten mit mehreren Hundert Zuschauern.	Das Zahlsubstantiv wird meistens nicht dekliniert, wenn ihm ein Attribut vorangestellt ist.
Sie rechneten mit Tausenden von Zuschauern.	Das Zahlsubstantiv wird dekliniert, wenn es für sich allein steht.

Merke:
Zahlen bis zu einer Million werden kleingeschrieben, außer sie haben den Artikel (das Tausend) oder geben eine ungefähre Menge an (Hunderte von Anrufen).

☞ Adjektiv, 52–68; Indefinitpronomen, 50; Nomen, 30–40

Adjektiv (Eigenschaftswort)

(das Adjektiv, Plural: Adjektive, lat.: das Beigefügte)

Inhaltliche Bestimmung

52

das kränkliche Kind eine alte Mühle meine große Sorge schwierige Verhältnisse	Das Adjektiv charakterisiert Personen, Dinge, Sachverhalte und Umstände, bei denen es steht, oder es bestimmt sie näher.
Das Mädchen ist schön. Karl läuft gut. Der Winter ist sehr kalt. Die Antwort kam schnell.	Das Adjektiv urteilt über Personen, Dinge, Sachverhalte und Umstände oder bezeichnet ein Verhalten näher.
Ich bin gesund. Die Suppe ist warm. Er wird müde. Der Kranke wurde gesund.	Das Adjektiv registriert einen Zustand, in dem sich eine Person oder ein Ding befindet oder in den sie geraten.
Ich bin größer als du. Er hat das schönste Fahrrad. Er spielt besser. Sie spielt am besten.	Die meisten Adjektive können Vergleichsformen bilden.

Verwendung im Satz

53

Das alte Haus bekommt ein neues Dach.	als Attribut (Satzgliedteil) – dekliniert
Das Wasser ist kalt.	als Prädikativum (Gleichsetzungsnominativ) – undekliniert
Er lacht laut.	als Adverbiale – undekliniert

☞ Attribut, 194–198; Prädikativum, 140–191; Adverbiale, 179–189

35 Bestimme die Verwendung der einzelnen Adjektive im Satz:

Wir liefen einen schmalen Felsweg entlang. – Der Boden war nass und glitschig. – Der Wind wehte heftig durch die Baumwipfel. – Ängstlich fragte mich Robert, wann wir denn nun endlich im Dorf seien; denn es wurde allmählich dunkel, und weit und breit war noch kein Haus zu sehen. – Wir hatten uns bestimmt verlaufen. – Wahrscheinlich hatten wir an der letzten Kreuzung die falsche Richtung eingeschlagen. – Doch da sahen wir in der Ferne den schwachen Schimmer einzelner erleuchteter Häuser. – Wir waren richtig gelaufen.

54 Genus, Numerus und Kasus

Ich lese ein **spannendes** Buch. Das Buch ist **spannend**. Die Musik spielt **laut**.	Es gibt deklinierte und undeklinierte Formen des Adjektivs. Als Attribut ist es meistens dekliniert. Das attributive Adjektiv (als Attribut) stimmt mit dem Nomen, dem es beigefügt ist oder das es vertritt, in
ein kleines Geschenk das kleine Geschenk ein Kranker der Kranke	Genus (Geschlecht),
die kleinen Geschenke kleine Geschenke Kranke die Kranken	Numerus (Singular, Plural)
mit einem kleinen Geschenk mit dem neuen Auto mit großem Aufwand für einen Kranken	und Kasus (Fall) überein.

☞ Attribut, 194–198; Deklination des Adjektivs, 55–58; Nomen, 30–40

Schwache Deklination

55

Singular			
	maskulin	feminin	neutral
Nominativ	der alte Baum	die dunkle Nacht	das kleine Kind
Genitiv	des alten Baumes	der dunklen Nacht	des kleinen Kindes
Dativ	dem alten Baum	der dunklen Nacht	dem kleinen Kind
Akkusativ	den alten Baum	die dunkle Nacht	das kleine Kind

Plural			
	maskulin	feminin	neutral
Nominativ	die alten Bäume	die dunklen Nächte	die kleinen Kinder
Genitiv	der alten Bäume	der dunklen Nächte	der kleinen Kinder
Dativ	den alten Bäumen	den dunklen Nächten	den kleinen Kindern
Akkusativ	die alten Bäume	die dunklen Nächte	die kleinen Kinder

Endung -e im Nominativ Singular der drei Genera und im Akkusativ Singular Femininum/Neutrum.
Endung -en in allen anderen Kasus.

Ebenso dekliniert wird das Adjektiv nach:
dieser, jener, jeder, mancher, solcher, derselbe, welcher

Starke Deklinition

56

Singular			
	maskulin	feminin	neutral
Nominativ	harter Stein	blaue Farbe	frisches Brot
Genitiv	harten Steines	blauer Farbe	frischen Brotes
Dativ	hartem Stein	blauer Farbe	frischem Brot
Akkusativ	harten Stein	blaue Farbe	frisches Brot

Plural						
	maskulin		feminin		neutral	
Nominativ	harte	Steine	blaue	Farben	frische	Brote
Genitiv	harter	Steine	blauer	Farben	frischer	Brote
Dativ	harten	Steinen	blauen	Farben	frischen	Broten
Akkusativ	harte	Steine	blaue	Farben	frische	Brote

Endungen wie bei Demonstrativpronomen *dieser, diese, dieses;* mit Ausnahme von Genitiv Singular Maskulinum/Neutrum (Endung -en).
Ebenso dekliniert wird das Adjektiv nach den endungslosen Formen *manch, solch, viel, welch, wenig, ein, kein, mein, dein, sein, unser, euer, ihr* sowie nach *etwas* und *mehr* : welch herrlicher Ausblick, mehr freie Stunden.
Nach *einige, etliche, manche, viele, wenige* (Plural) wird das Adjektiv meist stark dekliniert: einige kleine Fehler, wenige neue Argumente.

Merke:

mit viel frischem Schwung ihr neues Kleid mein alter Freund	Nach einem endungslosen Pronomen wird das Adjektiv stark dekliniert.
mit viel**em** frischen Schwung ihr**e** neuen Kleider auf unser**em** grünen Rasen	Nach einem Pronomen mit Deklinationsendung wird das Adjektiv schwach dekliniert.

☞ Demonstrativpronomen, 46

Gemischte Deklination

57 Die gemischte Deklination ist eine Zusammensetzung aus der schwachen und starken Deklination der Adjektive: stark nach endungslosen Pronomina, sonst schwach.

Singular			
	maskulin	feminin	neutral
Nominativ	mein kleiner Bruder	meine kleine Schwester	mein neues Buch
Genitiv	meines kleinen Bruders	meiner kleinen Schwester	meines neuen Buches
Dativ	meinem kleinen Bruder	meiner kleinen Schwester	meinem neuen Buch
Akkusativ	meinen kleinen Bruder	meine kleine Schwester	mein neues Buch
Plural			
	maskulin	feminin	neutral
Nominativ	meine kleinen Brüder	meine kleinen Schwestern	meine neuen Bücher
Genitiv	meiner kleinen Brüder	meiner kleinen Schwestern	meiner neuen Bücher
Dativ	meinen kleinen Brüdern	meinen kleinen Schwestern	meinen neuen Büchern
Akkusativ	meine kleinen Brüder	meine kleinen Schwestern	meine neuen Bücher

Ebenso dekliniert wird das Adjektiv nach *ein, kein, dein, sein, unser, euer, ihr.*

Merke:

unser großer Garten euer neues Auto **aber**: in unsere**m** großen Garten mit euere**m** neuen Auto	„unser" und „euer" sind endungslose Formen des Possessivpronomens; deshalb wird das nachfolgende Adjektiv stark dekliniert.

☞ Possessivpronomen, 47

Deklination mehrerer Adjektive

58

Mehrere Adjektive vor einem Nomen werden parallel, d. h. auf die gleiche Weise dekliniert.

Singular		
Nominativ	das alte, baufällige Haus	ein altes, baufälliges Haus
Genitiv	des alten, baufälligen Hauses	eines alten, baufälligen Hauses
Dativ	dem alten, baufälligen Haus	einem alten, baufälligen Haus
Akkusativ	das alte, baufällige Haus	ein altes, baufälliges Haus

	Plural					
Nominativ	die	alten, baufälligen	Häuser	alte,	baufällige	Häuser
Genitiv	der	alten, baufälligen	Häuser	alter,	baufälliger	Häuser
Dativ	den	alten, baufälligen	Häusern	alten,	baufälligen	Häusern
Akkusativ	die	alten, baufälligen	Häuser	alte,	baufällige	Häuser

36 Wie lauten die Endungen? Wie wird dekliniert?

Es war ein lang . . . Tag. – Wir waren den ganz . . . Tag über gewandert. – Endlich konnten wir unsere nass . . . Kleider ablegen. Zum Abendessen gab es Brot und frisch . . . Wurst mit heiß . . . Tee. Wir schliefen in dem neu . . ., hölzern . . . Anbau.

59 Komparation (Vergleichsstufen)

(die Komparation, lat.: *comparare,* vergleichen)

Der Koala ist zutraulich wie wenige Tiere. Der Koala ist ein zutrauliches Tier.	Positiv (Grundstufe)
Der Koala ist zutraulicher als das Känguru. Der Koala ist ein zutraulicheres Tier als das Känguru.	Komparativ (Vergleichsstufe)
Der Koala ist eines der zutraulichsten Tiere. Der Koala ist am zutraulichsten. Der Koala ist ein sehr zutrauliches Tier. Der Koala ist ein äußerst zutrauliches Tier. Der Koala ist ein überaus zutrauliches Tier.	Superlativ (Höchststufe) Die Höchststufe lässt sich unterschiedlich ausdrücken.

Beachte:

Der Koala ist ein zutraulich**er** Bär.	*-er* ist Deklinationsendung.
Er ist zutraulich**er** als das Känguru.	*-er* ist Merkmal des Komparativs.
Ich kenne kein zutraulich**eres** Tier.	*-er* ist Merkmal des Komparativs. *-es* ist Deklinationsendung.

„als“ oder „wie“?

Franz und Inge sind zwölf; sie haben am gleichen Tag Geburtstag. Franz ist so alt **wie** Inge. Inge ist so alt **wie** Franz.	so – Positiv – wie (gleiche Stufe)
Fritz ist dreizehn; Karin ist zwölf. Fritz ist älter **als** Karin.	Komparativ – als (unterschiedliche Stufe)

37 „als“ oder „wie“?

Er ist größer . . . ich. – Du kannst es auch besser . . . er. – Er kann genauso gut schwimmen . . . du. – Dieser Vorschlag sagt mir eher zu . . . der andere.

Adjektive ohne Vergleichsstufen 60

wörtlich – schriftlich
rund – eckig
lebendig – tot
englisch – deutsch
eisern – hölzern

> Nicht alle Adjektive können Vergleichsstufen bilden, da ihr Inhalt eindeutig festgelegt ist und keine Abstufungen erlaubt.

38 Warum ist bei folgenden Adjektiven die Komparation nicht möglich oder zumindest ungewöhnlich?

riesengroß – uralt – steinreich – erstklassig – sterbenskrank – maximal – minimal – rund – nackt – einmütig – spanisch – dreifach – unüberwindbar – unlösbar – fleischlos – blutleer – kinderlos – unaufschiebbar – voll – leer

Bezugspunkt

61 ein alter Herr – ein älterer Herr
eine junge Frau – eine jüngere Frau
lange Zeit – längere Zeit

Wenn es mir besser geht, braucht es mir noch nicht gut zu gehen. Eine größere Anschaffung braucht noch nicht eine große Anschaffung zu sein.

Der Komparativ (Vergleichsstufe) braucht einen Bezugspunkt. Wenn dieser fehlt, dann kann der Komparativ oft einen geringeren Grad angeben als der Positiv (Grundstufe).

39 Warum ist hier „besser" nicht besser als „gut"?
Worauf beziehen sich die einzelnen Vergleichsstufen?

Du arbeitest jetzt im Unterricht wieder besser mit, das stimmt; aber so gut wie zu Beginn des Schuljahres arbeitest du immer noch nicht mit.

62 **Umschreibung des Superlativs**

mild – am mildesten
sehr mild
extramild

modern – am modernsten
hochmodern
supermodern

Die Höchststufe kann sowohl durch die Formen des Superlativs ausgedrückt als auch inhaltlich umschrieben werden.

40 Drücke die Höchststufe anders aus als durch den Superlativ:

z. B. reich – am reichsten – überaus reich, unwahrscheinlich reich – superreich
arm – faul – fleißig – müde

41 Was ist hier falsch?

Du hast in keinster Weise Recht. – Letzten Endes können wir es nicht ändern. – Es war die einzigste Möglichkeit, ihn zu treffen. – Es war die einfallsloseste Sendung, die seit langem über den Bildschirm gelaufen ist.

Regelmäßige Komparation 63

klein	– kleiner	– am kleinsten der Kleinste	Komparativ: -er Superlativ: -st-
dicht	– dichter	– am dichtesten der Dichteste	Komparativ: -er Superlativ: -est-
jung	– jünger	– am jüngsten der Jüngste	Komparativ: Umlaut und -er Superlativ: Umlaut und -st-
alt	– älter	– am ältesten der Älteste	Komparativ: Umlaut und -er Superlativ: Umlaut und -est-
dunkel teuer	– dunkler – teurer	– am dunkelsten – am teuersten	Ausfall von -e- vor Komparativendung

Unregelmäßige Komparation 64

gut viel wenig	– besser – mehr – minder (weniger)	– am besten – am meisten – am mindesten – (am wenigsten)	Wortwechsel
hoch nahe	– höher – näher	– am höchsten – am nächsten	Unterschiedlicher Konsonantenstand

Unvollständige Komparation 65

Positiv:	Superlativ:	
die obere Kante	die oberste Wohnung	Wie Positive gebraucht werden *äußer-, inner-, ober-, unter-, vorder-, hinter-* u. a.
die äußere Reihe	das äußerste Mittel	

66 **Komparation des zusammengesetzten Adjektivs**

(eine großzügige Regelung) eine groß**zügigere** Regelung das groß**zügigste** Angebot die folgen**reichste** Erfindung die werbe**wirksamste** Methode	Die Zusammensetzung ergibt einen neuen, einheitlichen Begriff; deshalb wird der zweite Wortteil gesteigert.
(eine weit reichende Entscheidung) ein **weiter** reichender Antrag eine **noch schwerer** verständliche Entscheidung der **weitest** gehende Antrag der **am weitesten** gehende Antrag langfristig / **länger**fristig die **best**mögliche Lösung das **dichtest (äußerst dicht)** bevölkerte Gebiet	Wenn in einem Adjektivgefüge 1. die einzelnen Bestandteile auch für sich allein einen Sinn haben und/oder 2. der erste Bestandteil steigerbar ist, dann wird der erste Wortteil gesteigert.

Beachte:

richtig: das meistgelesene Buch falsch: das meistgelesenste Buch	Doppelte Komparation ist nicht üblich.

☞ zusammengesetztes Adjektiv, 68; Partizip, 89–99

42 Wie lautet der Superlativ?

eine großmütige Geste – ein grobkörniger Belag – eine folgenreiche Erfindung – feinmaschige Netze – ein viel gelesenes Buch – eine nahe liegende Vermutung

Rektion bei Adjektiven

(die Rektion, lat.: Lenkung)

67 Einige Adjektive fordern nach sich einen bestimmten Kasus.

seiner Sache gewiss sein sich der Aufgabe bewusst sein des Diebes habhaft werden	Genitiv

jemandem behilflich sein einer Sache nicht gewachsen sein jemandem ähnlich sein	Dativ
zu etwas fähig sein über etwas traurig sein gegen jemanden streng sein	mit Präposition

Bildung von Adjektiven 68

Nach der Art der Bildung sind vier Gruppen zu unterscheiden.

Einfache oder ursprüngliche Adjektive
klein, groß, lang, kurz, heiß, warm, krank . . .

Abgeleitete Adjektive

un-	treu – untreu	Ableitung durch Präfix und/oder Suffix
ur-	alt – uralt	
erz-	dumm – erzdumm	
ge-	recht – gerecht	
miss-	günstig – missgünstig	
-bar	Dank – dankbar	
-lich	gelb – gelblich	
-haft	krank – krankhaft	
-sam	Mühe – mühsam	
-isch	Zank – zänkisch	zum Teil auch mit Umlaut
-ig	Macht – mächtig	
-en	Gold – golden	
-n	Silber – silbern	
-ern	Glas – gläsern	

Zusammengesetzte Adjektive

Zusammengesetzte Adjektive bestehen aus Bestimmungswort und Grundwort:

kleinlaut

klein (Bestimmungswort) laut (Grundwort)

dunkelblau	Adjektiv + Adjektiv
wetterfest	Nomen + Adjektiv
achteckig	Numerale + Adjektiv
überdeutlich	Präposition + Adjektiv
wohlfeil	Adverb + Adjektiv
schaulustig	Verb + Adjektiv

Adjektivgefüge

Das Adjektivgefüge ist eine getrennt geschriebene Wortgruppe:

ein **weit reichender** Entschluss eine **weit verzweigte** Verwandtschaft ein **blendend weißes** Hemd	Der erste oder zweite Bestandteil ist ein Partizip.
ein **leicht verständlicher** Überblick ein **überaus leicht verständlicher** Überblick	Der erste Bestandteil kann gesteigert oder erweitert werden.
ein **winzig kleiner** Fleck ein **herrlich schöner** Sommer	Der erste Bestandteil endet auf **-ig, -isch** oder **-lich**.

Beachte:
Zusammenschreibung

– ein **metertiefes** Loch Das Loch ist **einige Meter** tief. – eine **hitzebeständige** Platte Die Platte ist **gegen Hitze** beständig. – ein **ohrenbetäubender** Lärm Der Lärm betäubt **die Ohren**. – eine **altersbedingte** Reaktion Die Reaktion ist **durch das Alter** bedingt.	Der erste Bestandteil steht für eine verkürzte Wortgruppe.
eine mehr**deutige** Antwort der zehn**fache** Wert eine **müh**selige Arbeit	Einer der Bestandteile kommt in dieser Form nicht selbstständig vor.
eine **hellgrüne** Jacke **süßsauere** Gurken ein **feuchtheißes** Klima (Das Klima ist feucht und heiß dazu.)	Beide Bestandteile aus Adjektiven sind gleichrangig.
brandneu, **grund**verschieden, **stein**reich, **stock**finster, **ur**alt, **lau**warm, **minder**begabt	Der erste Bestandteil verstärkt oder mindert die Bedeutung.
Er stellte uns vor **vollendete** Tatsachen. – vollenden – Dies ist eine **irreführende** Meinung. – irreführen –	Die Partizipform geht auf ein zusammengeschriebenes Verb zurück. (vgl. dazu Nr. 141)

Getrenntschreibung

eisig kalt – **grässlich** laut – **akribisch** genau	Der erste Bestandteil endet auf **-ig, -isch** oder **-lich.**
kochend heißes Wasser – ein **gestochen** scharfes Bild	Der erste Bestandteil ist ein Partizip.
leicht verdaulich – **leichter** verdaulich – **sehr leicht** verdaulich aber: leichtfertig, leichtherzig	Der erste Bestandteil kann gesteigert werden.
ein **hell strahlender** Stern – die **Not leidende** Bevölkerung	Die Partizipform geht auf ein getrennt geschriebenes Verbgefüge zurück. (vgl. dazu Nr. 141)

☞ Ableitungen, 12–13; Zusammensetzungen, 14; Partizip, 89–99, 224–225

Verb

(das Verb, Plural: Verben, lat: Wort)

Wörter, die konjugiert werden, heißen Verben. 69

gehen	ich gehe	ich bin gegangen	ich werde gehen
sagen	du sagst	du hast gesagt	du wirst sagen

Inhaltliche Bestimmung 70

Er sägt Holz. Sie schreibt einen Brief. Wir schwimmen.	Verben können eine Tätigkeit bezeichnen: **Tätigkeitsverben**
Die Sonne geht unter. Die Blätter welken. Das Wasser fließt.	Verben können einen Vorgang bezeichnen: **Vorgangsverben**
Die Stadt liegt im Tal. Dort wohnen wir. Er wartet an der Haltestelle.	Verben können einen Zustand bezeichnen: **Zustandsverben**

Verwendung im Satz

71 Konjugierte Verben bilden das Prädikat (Satzaussage) des Satzes.

Franz	mäht	den Rasen.
Inge	las	ein Buch.
Subjekt	Prädikat	Objekt

Das Verb bestimmt die Grundstruktur eines Satzes. Es legt fest, welche Satzglieder noch aufgenommen werden müssen, damit der Satz seiner grammatischen Struktur nach vollständig ist. Man spricht daher von der Valenz (Wertigkeit) eines Verbs.

Tom	←	**streicht**	→	den Zaun.
Wir	←	**vertrauen**	→	dir.
Ich	←	**verzichte**	→	auf meine Wortmeldung.
Der Arzt	←	**verschreibt**	→	dem Patienten
			→	eine Medizin.
Er	←	**brachte**	→	mich
			→	auf einen guten Gedanken.
Wir	←	**gratulieren**	→	dir
			→	zum Geburtstag.
Er	←	**warf**	→	ihm
			→	den Vertrag
			→	vor die Füße.

☞ Subjekt, 171–173; Prädikat, 165–170; Objekt, 174–178; Satzglieder, 164–192

Vollverben, Hilfsverben, Modalverben

72

Sie **springt** über den Zaun. Sie **hört** gern Musik.	springen hören	Diese Verben bilden allein das Prädikat.	Voll- verben
Ich **bin** mit der Straßenbahn **gefahren**. Ich **habe** meinen Aufsatz noch nicht **geschrieben**. Ich **werde** morgen meinen Freischwimmerschein **machen**.	sein haben werden	Sie helfen beim Bau des zusammengesetzten Prädikats.	Hilfs- verben
Franz **ist** älter als ich. Ich **habe** ein Fahrrad. Du **wirst** bestimmt unser Klassensprecher.	sein haben werden	Sie bilden allein das Prädikat.	Hilfsverben als selbstständige Verben
Er **wollte** heute **kommen**. Das **soll** er ruhig **tun**. Er **kann** schon vom Dreimeterbrett **springen**. Ich **muss** das nochmals **durchrechnen**. Du **darfst** mich **besuchen**. Ich **mag** das nicht **hören**.	wollen sollen können müssen dürfen mögen	Sie verändern die Aussage des Prädikats (modale Aussageweise).	Modalverben (lat: Art und Weise)
Dafür **kann** ich nichts. Ich **muss** gleich zum Zug. Ich **mag** keine Milch.	können müssen mögen	Sie bilden allein das Prädikat.	Modalverben als selbstständige Verben

Hilfs- und Modalverben treten vorwiegend nur in Verbindung mit Vollverben auf.

☞ Prädikat, 165–170

43 Gib den gleichen Sachverhalt mit einem Modalverb wieder:

Wir hatten noch einiges miteinander zu bereden. – Hast du mir noch etwas zu sagen? – Der Beschluss ist nicht mehr zu ändern. – Zu diesem Punkt wäre noch einiges zu sagen. – An dieser Stelle hätte man zu prüfen, ob der Vertrag nicht noch zu ändern wäre.

Untergliederung der Vollverben

73 *persönlich – unpersönlich*

ich gehe
du kommst
er, sie, es sagt
das Feuer brennt
wir singen
ihr lacht
sie schlafen
die Bremsen quietschen

Persönliche Verben sind Verben, die in allen Personalformen – im Singular und im Plural – gebraucht werden.
Sie haben ein persönliches Subjekt.

es schneit
es regnet
es dunkelt
es geschah in jener Zeit
es klopft
es freut mich

Unpersönliche Verben sind Verben, die meistens nur mit „es" verbunden sind. Sie haben kein persönliches Subjekt.
Unterscheide:
- es klopft
  aber: er klopft an die Tür
- es freut mich
  aber: er freut sich

☞ Personalform des Verbs, 100; Subjekt, 171–173

transitiv – intransitiv

(lat.: *transire,* auf etwas zielen; gemeint ist das Akkusativobjekt)

74 **Transitive Verben**

Er mäht **den Rasen.**
Er hat mir **das Buch** gebracht.

Sie fordern im Satz ein Akkusativobjekt nach sich.

Ich habe den Rasen gemäht.
Sie hatten ihn gewählt.

Sie bilden die Perfektformen im Aktiv mit dem Hilfsverb „haben".

Der Rasen wird gemäht.
Du bist gewählt worden.

Sie können meistens das persönliche Passiv bilden.

Intransitive Verben 75

Die Rose verblüht. Franz half seiner Mutter.	Sie haben im Satz kein Akkusativobjekt nach sich.
Die Rose ist verblüht. Er war zu mir gekommen.	Sie bilden die Perfektformen im Aktiv zum Teil mit dem Hilfsverb „sein" – und zwar dann, wenn sie eine Zustands- oder Ortsveränderung bezeichnen.
Es wurde ihm vertraut. (Man vertraute ihm.)	Sie können kein persönliches Passiv bilden.

Beachte:

Nicht alle intransitiven Verben können ins Passiv gesetzt werden: z. B. blühen, vergehen, dauern, gehören.

☞ Akkusativobjekt, 174–178; persönliches Passiv, 103

Transitive und intransitive Verwendung

Einige Verben können transitiv und intransitiv gebraucht werden; dabei ändert sich aber auch ihre Bedeutung. 76

Wer hat das Auto gefahren?	Ich bin nach Köln mit dem Zug gefahren.
Er hat diese Maschine schon öfters geflogen.	Der Vogel ist auf den Baum geflogen.
Der Wolf hat ein Lamm gerissen.	Das Seil ist plötzlich gerissen.
Wir haben das Schloss aufgebrochen.	Sie sind sehr früh aufgebrochen.
transitives Verb **Perfektbildung mit „haben"**	intransitives Verb **Perfektbildung mit „sein"**

Intransitive starke Verben können durch Umlaut zu transitiven schwachen Verben werden; die Bedeutung wechselt vom Zustand oder Vorgang zur Tätigkeit.

Die Kuh liegt auf der Wiese.	Das Huhn legt Eier. Ich lege mich auf die Wiese.
Wir fahren in die Ferien.	Wohin führst du mich?
Sie sitzt auf einer Bank.	Sie setzen Salatpflänzchen.
intransitives starkes Verb	**transitives schwaches Verb**

Die umgelauteten schwachen Verben entstanden aus dem Präteritum der entsprechenden starken Verben: lag – legen, fuhr – führen, saß – setzen

☞ starke Verben, 80; schwache Verben, 79; Umlaut, 10

77 *reflexiv*

(lat.: *reflectere,* zurückwenden; gemeint ist: auf das Subjekt des Satzes)

Er freute sich über unsere Karte.
Ich muss mich über dich wundern.
Wir bedanken uns sehr herzlich.

Infinitiv: sich freuen
sich wundern
sich bedanken

Echte reflexive Verben können nur in Verbindung mit einem Reflexivpronomen auftreten. Verb und Reflexivpronomen bilden eine Einheit. Das Reflexivpronomen kann nicht durch ein anderes Pronomen ersetzt werden.

Ich bade mich.
Infinitiv: sich baden

Ich bade unseren Hund.
Infinitiv: baden

Er quält sich.
Infinitiv: sich quälen

Sie quälten ihn.
Infinitiv: quälen

Unechte reflexive Verben können auch mit anderen Pronomina und Nomina verbunden werden. Das Pronomen braucht sich nicht auf das Subjekt des Satzes zu beziehen.

Die Eltern haben sich über meine Karte gefreut.

Reflexive Verben bilden die Perfektformen im Aktiv mit dem Hilfsverb „haben“.

☞ Subjekt, 171–173; Reflexivpronomen, 45; Nomen, 30–40

Schwache, starke und unregelmäßige Verben 78

Um zu bestimmen, nach welcher Konjugationsart ein Verb flektiert wird, muss man seine **Stammformen** kennen. Die Stammformen des Verbs setzen sich zusammen aus:

Infinitiv	– **1. Stammform**	sagen	singen	bringen
Präteritum	– **2. Stammform**	sagte	sang	brachte
Partizip II	– **3. Stammform**	gesagt	gesungen	gebracht

Schwache Verben – Schwache Konjugation: 79

tanzen	– tanzte	– getanzt
ändern	– änderte	– geändert
reden	– redete	– geredet
regnen	– regnete	– geregnet

Der Stammvokal ändert sich in den Stammformen nicht. Die 2. Stammform wird mit -t- oder -et- und die 3. Stammform mit -t- oder -et gebildet.

Starke Verben – Starke Konjugation: 80

b**i**nden	– b**a**nd	– geb**u**nden
h**e**lfen	– h**a**lf	– geh**o**lfen
r**ei**ten	– r**i**tt	– ger**i**tten

Der Stammvokal ändert sich (Ablaut). Die 3. Stammform endet auf -en.

Unregelmäßige Verben – Unregelmäßige oder gemischte Konjugation: 81

k**e**nnen	– k**a**nnte	– gek**a**nnt
r**e**nnen	– r**a**nnte	– ger**a**nnt

Der Stammvokal ändert sich; die Endungen sind aber die der schwachen Konjugation.

br**i**n**g**en	– br**a**ch**t**e	– gebr**a**ch**t**
d**e**n**k**en	– d**a**ch**t**e	– ged**a**ch**t**

Stammvokal **und** Konsonanten ändern sich; die Endungen sind aber die der schwachen Konjugation.
Zu den unregelmäßigen Verben werden auch das Hilfsverb *haben,* die Modalverben *wollen, sollen, können, müssen, dürfen, mögen* und das Vollverb *wissen* gezählt.

☞ Konjugationstabellen, 128–140; Ablaut, 9

82 Trennbare und untrennbare Verben

Die Betonung liegt auf dem Bestimmungswort (auch Verbzusatz genannt). *trennbar*	Die Betonung liegt auf dem Grundwort. *untrennbar*
Die Mannschaft stellt sich **auf.** – **áuf**stellen	Er bestéllt ein Bier. – bestéllen
Er las den Text **vor.** – **vór**lesen	Er verlás die Anordnung. – verlésen
Sie eilen **herbei.** – **herbéi**eilen	Er entéilt. – entéilen
Die Beschäftigten legten die Arbeit **nieder.** – **níeder**legen	Sie überlégten es sich noch einmal. – überlégen
Sie brachten ihn in einer Lehre **unter.** – **únter**bringen	Sie untersúchten gewissenhaft den Fall. – untersúchen
Sie fahren **heim.** – **héim**fahren	Das erfáhrt ihr noch. – erfáhren
Der Versuch schlug **fehl.** – **féhl**schlagen	Der Plan zerschlúg sich leider. – zerschlágen

Bei Verben, die den Hauptton auf dem Bestimmungswort haben, trennt sich im Präsens und Präteritum das Bestimmungswort (Verbzusatz) vom Grundwort; dies gilt aber nur für Hauptsätze:

Präsens	Er **nimmt** an der Auslosung **teil.**	Hauptsatz
aber:	. . ., ob er an der Auslosung **teilnehme.**	Nebensatz
Präteritum	Er **nahm** an der Auslosung **teil.**	Hauptsatz
aber:	. . ., wenn er an der Auslosung **teilnähme.**	Nebensatz

☞ Bestimmungswort, 14; Grundwort, 14; Hauptsatz, 212; Nebensatz, 212–246

Infinite Verbformen

83

(lat.: *infinitus,* unbestimmt, unbegrenzt)

Infinitiv:	singen	spielen	Die infiniten (unbestimmten) Verbformen sind nicht an Person, Numerus, Modus und Tempus gebunden.
Partizip I:	singend	spielend	
Partizip II:	gesungen	gespielt	

☞ Person, 101; Numerus, 102; Modus 105–119; Tempus 120–127

Infinitiv

singen lächeln verbreitern	Der Infinitiv ist die **Grundform des Verbs.** Er wird mit der Endung -en oder -n gebildet.	84
Etwas zu warten(,) kann nicht schaden. Warten kann nicht schaden. Es war seine Pflicht aufzupassen.	Der Infinitiv kann im Satz ein **Satzglied** oder **Attribut** sein. Wer oder was? – Subjekt *Satzglied* Was für eine Pflicht? *Attribut* Bei trennbaren Verben tritt das Fügewort „zu“ zwischen beide Verbteile.	85
Er ging weg, ohne dass er ein Wort sagte. Er ging weg(,) ohne ein Wort zu sagen.	Der satzwertige Infinitiv steht **anstelle eines Nebensatzes.** *Nebensatz* *satzwertiger Infinitiv* Zur Zeichensetzung siehe Nr. 223.	86
Er wird sich freuen. Ich kann singen. Wir gehen heute schwimmen.	Der Infinitiv kann mit **finiten Verbformen** (Personalform) verbunden werden.	87

88 Neben dem reinen Infinitiv (Grundform des Verbs) gibt es noch drei **zusammengesetzte Infinitivformen:**

prüfen	(Infinitiv Präsens Aktiv)	reiner Infinitiv
geprüft werden	(Infinitiv Präsens Passiv)	zusammengesetzter
geprüft haben	(Infinitiv Perfekt Aktiv)	Infinitiv
geprüft worden sein	(Infinitiv Perfekt Passiv)	

☞ Satzglied, 164–192; Attribut, 194–198; trennbare Verben, 82; Nebensatz, 212/246–261; satzwertiger Infinitiv, 222; finite Verbformen, 100–141; Personalformen, 100

Partizip I

(das Partizip, Plural: Partizipien, lat.: das Teilhabende)

89	singend fließend schimmernd	Das Partizip I gibt eine **Tätigkeit,** einen **Vorgang** oder einen **Zustand, ohne** ihn **zeitlich zu begrenzen,** in aktiver Form wieder.
	leucht**end** kränkel**nd** hunger**nd**	Das Partizip I wird aus dem Verbstamm der 1. Stammform (Infinitiv) mit der Endung -end oder -nd gebildet.
90		Das Partizip I kann als **Nomen** und als **Adjektiv** gebraucht werden.
	der Schlafende das spielende Kind	*Nomen* *Adjektiv*
	sprudelndes, klares Wasser das sprudelnde, klare Wasser	Das Partizip I wird wie ein Adjektiv dekliniert.
91	Selten habe ich ein aufregenderes Buch gelesen.	Das Partizip I kann nur dann **Vergleichsstufen** (Komparation) bilden, wenn es sich von seinem Herkunftsverb gelöst hat und als Adjektiv eine eigene Bedeutung besitzt.

Er brachte es ihr schonend bei. Die fallenden Blätter künden den Herbst an.	Das Partizip I kann im Satz ein **Satzglied** oder **Attribut** sein. Wie? – Adverbiale *Satzglied* Was für Blätter? *Attribut*	92
Kaum dass er mich erblickte, eilte er schon auf mich zu. Kaum mich erblickend(,) eilte er schon auf mich zu.	Das satzwertige Partizip I steht **anstelle eines Nebensatzes.** *Nebensatz* *satzwertiges Partizip I* Zur Zeichensetzung vgl. Nr. 225.	93

☞ Nomen, 30–40; Adjektiv, 52–67; Komparation, 59–66; Satzglied, 164–192; Adverbiale, 179–189; Attribut, 194–198; Nebensatz, 212–246; satzwertiges Partizip I, 224–225

Partizip II

(das Partizip, Plural: Partizipien, lat.: das Teilhabende)

geerntet – gesunken geliebt – verachtet	Das Partizip II ist die **3. Stammform** des Verbs. Es drückt ein vollendetes Geschehen oder einen Zustand aus.	94
beredet – versagt erkannt – bedacht verloren – erfunden	Das Partizip II der schwachen und unregelmäßigen Verben wird mit der Endung -et oder -t, das der starken Verben mit Ablaut und der Endung -en gebildet.	
gesagt gesungen	Die einfachen Verben haben im Partizip II die Vorsilbe ge-.	
eingekauft abgebunden	Bei trennbaren Verben wird die Silbe -ge- zwischen beide Wortteile gestellt.	
verkauft zerrissen studiert	Bei Verben, deren Betonung nicht auf der ersten Silbe liegt, wird das Partizip II ohne die Silbe -ge- gebildet.	

95	der Angeklagte in vertauschten Rollen das verdampfte Wasser (Das Wasser ist verdampft.) ein gedankenreicher und klar gegliederter Aufsatz	Das Partizip II der transitiven Verben kann als **Nomen** oder **Adjektiv** gebraucht werden. *Nomen* *Adjektiv* Dies gilt auch für das Partizip II derjenigen intransitiven Verben, die das Perfekt Aktiv mit dem Hilfsverb „sein" bilden und die Veränderung eines Zustandes angeben. Das Partizip II als Nomen oder Adjektiv wird wie ein Adjektiv dekliniert.
96	Er gehört zu den bekannteren Sportlern. Er ist einer unserer erfahrensten Mitarbeiter.	Das Partizip II kann nur dann **Vergleichsstufen** (Komparation) bilden, wenn es sich von seinem Herkunftsverb gelöst hat und als Adjektiv eine eigene Bedeutung besitzt.
97	Aufgeschoben ist nicht aufgehoben. Dein angekündigtes Schreiben ist angekommen.	Das Partizip II kann im Satz ein **Satzglied** oder **Attribut** sein. Wer oder was? – Subjekt *Satzglied* Was für ein Schreiben? *Attribut*
98	Wenn man den Vorschlag für sich betrachtet, ist er gut. Für sich betrachtet(,) ist der Vorschlag gut.	Das satzwertige Partizip II steht **anstelle eines Nebensatzes.** *Nebensatz* *satzwertiges Partizip II* Zur Zeichensetzung siehe Nr. 225.

er hat mich gesehen er wird gelobt	99 Das Partizip II kann mit **finiten Verbformen** (Personalform) verbunden werden. **Beachte:** Infinitiv anstelle von Partizip II bei den Modalverben und bei *brauchen;* meist auch bei *heißen, lassen, sehen, hören, fühlen* und *helfen.*
Ich habe es nicht gekonnt. Ich habe nicht kommen können.	gekonnt (Vollverb) können (Modalverb)
Ich hätte es nicht gebraucht. Das hättest du mir nicht zu sagen brauchen.	gebraucht (Vollverb) brauchen (als Modalverb)

☞ Stammform, 78; schwache, starke und unregelmäßige Verben, 79–81; trennbare und untrennbare Verben, 82; transitive und intransitive Verben, 74–75; Nomen, 30–40; Adjektiv, 55–58

Finite Verbformen 100

(lat.: *finitus,* begrenzt, bestimmt)

ich singe wir singen er sänge sie sangen	Die finiten (bestimmten) Verbformen tragen die Merkmale der Konjugation. Sie sind durch Person (1., 2., 3. Person), Numerus (Singular/Plural), Genus (Aktiv/Passiv), Modus (Indikativ/Konjunktiv/Imperativ) und Tempus (Präsens/Präteritum usw.) bestimmt. Deshalb heißen sie auch die Personalformen des Verbs.

☞ Konjugationstabellen, 128–140

101 Person

Für Person verwendet man auch die Begriffe Sprechrichtung oder Sprechansatz. Es gibt drei Personen oder Sprechansätze:

ich singe ich habe gesagt ich werde kommen	**1. Person** Die Sprechrichtung setzt beim Sprechenden (ich) an.
du singst du hast gesungen du wirst singen	**2. Person** Die Sprechrichtung setzt beim Angesprochenen (du) an.
er singt sie hat gesungen Es (das Kind) wird bald einschlafen.	**3. Person** Die Sprechrichtung setzt beim Besprochenen (er, sie, es) an.
Der Vogel singt. Inge hat gesungen. Der Kranke schläft. Viele werden kommen. Wer kommt heute?	In der dritten Person können auch Nomina, Adjektive und Numeralia oder weitere Pronomina stehen.

☞ Nomen, 30–40, Adjektiv, 55–58, Numerale, 51; Pronomina, 43–50

102 Numerus

(der Numerus, Plural: Numeri, lat.: Zahl)

Die drei Personen können im Singular oder Plural stehen:

ich singe wir singen	**1. Person (Singular/Plural)** ich – wir
du singst ihr singt	**2. Person (Singular/Plural)** du – ihr
er, sie, es singt sie singen	**3. Person (Singular/Plural)** er, sie, es – sie
Das Kind sang. Die Kinder singen.	das Kind (Singular) die Kinder (Plural)

Genus des Verbs (Genus Verbi)

(das Genus, Plural: Genera, lat.: das Geschlecht des Verbs)

Unter Genus des Verbs versteht man die Sehrichtung oder Handlungsart. Die deutsche Sprache kennt zwei Genera des Verbs (Aktiv und Passiv); sie unterscheidet, ob jemand an einem Geschehen beteiligt ist oder von dem Geschehen betroffen wird. 103

Wir basteln ein Boot. Die Sonne scheint. Die Kinder pflücken Blumen. Der Tag beginnt.	**Aktiv** Das Geschehen oder die Handlung wird vom Beteiligten oder Verursacher (Täter) aus gesehen.
Das Boot wird repariert. Das Boot ist repariert. Ich werde gelobt. Ich bin gelobt worden.	**Passiv** Das Geschehen oder die Handlung bzw. das Ergebnis des Geschehens oder der Handlung wird vom Betroffenen aus gesehen.
Die Straße ist von der Polizei gesperrt worden. Die Straße ist gesperrt worden.	Der Verursacher oder Täter braucht dabei nicht genannt zu werden.
Die Straße wurde gesperrt. Die Straße war gesperrt.	Im Passiv wird zwischen einem Vorgangspassiv und einem Zustandspassiv unterschieden.
Der Laden wird geschlossen. Der Laden ist geschlossen.	– *Vorgangspassiv* – *Zustandspassiv*
Die Rose blüht.	Nicht alle Verben können ein Passiv bilden.
Ich kehre **die Straße.**	Nur transitive Verben können ein persönliches Passiv bilden:
Die Straße wird von mir gekehrt.	Das Akkusativobjekt wird im Passiv zum Subjekt.

☞ transitive Verben, 74; Subjekt, 171–173; Akkusativobjekt, 177

104 Bildung der Genera des Verbs

	Aktiv
er kommt er komme er käme er kam	Nur das Präsens und das Präteritum sind einfache Personalformen.
er wird kommen er ist gekommen er hat gesungen	Alle anderen Formen werden mit den Hilfsverben „werden“, „sein“ oder „haben“ gebildet; sie sind zusammengesetzte Verbformen.
	Vorgangspassiv
sie wird gelobt sie wurde gelobt sie ist gelobt worden	Das Vorgangspassiv ist immer eine zusammengesetzte Verbform; die Personalformen werden aus dem Hilfsverb „werden“ gebildet.
	Zustandspassiv
Die Tür ist verschlossen. Die Tür ist verschlossen gewesen.	Das Zustandspassiv ist immer eine zusammengesetzte Verbform; die Personalformen werden aus dem Hilfsverb „sein“ gebildet.

☞ Personalformen, 100

44 Wie heißen die Sätze im Passiv?

Man hat den Fehler noch nicht gefunden. – Experten haben das Problem gelöst. – Wie kann man dieses Problem lösen? – Das hättet ihr besser vorbereiten müssen. – Man bat um rege Teilnahme. – Wir werden die Schaltung überprüfen. – Wir mussten den Antrag zurücknehmen.

45 Verwende das Zustandspassiv:

Man hat die Halle überdacht. – Ich habe mich gewaschen. – Wir hatten die Aufgabe gelöst. – Man hatte den Plan nicht richtig durchdacht.

46 Worin unterscheiden sich folgende Sätze inhaltlich?

Die Tür ist abgeschlossen worden. – Die Tür ist abgeschlossen.
Die Straße war geteert worden. – Die Straße ist geteert.

Modus

(der Modus, Plural: Modi, lat.: die Art und Weise, die Aussageweise)

Indikativ
Ich bin mir sicher, Franz hat dies behauptet.

Im Satz wird etwas eindeutig festgestellt. Es ist so. Franz hat dies wirklich behauptet.
Es ist eine reale Aussage, für die sich der Sprecher verbürgt; es steht der **Indikativ** (lat.: Wirklichkeitsform).

105

Konjunktiv I
Man berichtet mir, Franz habe dies behauptet.

Möge es dir gelingen!
Man achte auf Kinder im Straßenverkehr!

Hier gebe ich nur wieder, was mir gesagt wurde. Die eingeschränkte Aussage – z. B. in der indirekten Rede – wird im **Konjunktiv I** (lat.: Möglichkeitsform) wiedergegeben.
Ähnlich können auch Wünsche oder Anweisungen ausgedrückt werden.

106

Konjunktiv II
Du wärest der richtige Mann dafür.
Die Arbeit müsste in einer Stunde zu schaffen sein.
Überlegt, ob ihr nicht doch kommen könntet.
Wenn du etwas mehr übtest, dann könntest du ein guter Klavierspieler werden.

Fast hätte ich dich übersehen.
Wenn ich das gewusst hätte, dann wäre ich schon früher gekommen.

Ich stelle mir etwas vor oder denke etwas, wobei ich es offen lasse, ob das, was ich sage, auch eintritt.
Oder ich spreche nur von dem Zusammenhang zwischen der Bedingung (wenn) und der Folge (dann).
Die Bedingung wird zumindest als möglich (potential) vorausgesetzt. Die vorherrschende grammatische Form ist der **Konjunktiv II.**

Die Aussage oder Bedingung trifft nicht zu; sie ist unwirklich (irreal).
Der Irrealis wird durch den **Konjunktiv II** wiedergegeben.

107

Imperativ

Bleib hier!
Bleibt hier!
Bleiben Sie doch hier!

Der Sprecher wendet sich an eine anwesende oder mehrere anwesende Personen und fordert sie zu etwas auf. Die grammatische Form ist der **Imperativ** (lat.: Befehlsform).

108

Indikativ

(lat.: *indicare,* anzeigen, aussagen)

109 Der Indikativ als Modus der Wirklichkeit tritt in allen grammatischen Tempora auf.

er kommt	– Präsens
er kam	– Präteritum
er ist gekommen	– Perfekt
er war gekommen	– Plusquamperfekt
er wird kommen	– Futur I
er wird gekommen sein	– Futur II

☞ Konjugationstabellen, 142–154

Konjunktiv I

(lat.: *coniungere,* verbinden)

Tempora

110 Der Konjunktiv I wird in vier grammatischen Tempora gebildet.

Präsens	*Perfekt*	
ich komme	ich sei gekommen	ich habe gerufen
du kommest	du sei(e)st gekommen	du habest gerufen
er komme	er sei gekommen	er habe gerufen
wir kommen	wir seien gekommen	wir haben gerufen
ihr kommet	ihr seiet gekommen	ihr habet gerufen
sie kommen	sie seien gekommen	sie haben gerufen

Futur I	*Futur II*
ich werde kommen	ich werde gekommen sein
du werdest kommen	du werdest gekommen sein
er werde kommen	er werde gekommen sein
wir werden kommen	wir werden gekommen sein
ihr werdet kommen	ihr werdet gekommen sein
sie werden kommen	sie werden gekommen sein

Ersatzformen

Der Konjunktiv I unterscheidet sich nur in der 2. und 3. Person Singular und zum Teil in der 2. Person Plural von den entsprechen-denFormen des Indikativs. Um Verwechslungen zwischen Konjunk-tiv I und Indikativ zu vermeiden, werden die Formen des Konjunk-tivs I, die mit denen des Indikativs gleichlauten, durch den Konjunk-tiv II ersetzt. 111

z. B.	Ich sagte ihm, ich käme gleich.	statt Konjunktiv I: ich komme
	Ich sagte ihm, ich hätte auf ihn gewartet.	statt Konjunktiv I: ich habe gewartet
	Er meinte, ich würde es ihm sagen.	statt Konjunktiv I: ich werde sagen (oder auch: ich sage)

Indirekte (berichtete) Rede

Karin sagte zu mir, sie könne ihr Rechenheft nicht finden.
Ob ich wisse, wo es sei.
Ob ich es nicht gesehen hätte.
Sie habe es doch heute Morgen in ihre Tasche gesteckt.
Da sei sie sich ganz sicher.

Der Indikativ der direkten Rede wird in der indirekten Rede durch den Konjunktiv I oder seine Ersatzformen wiedergegeben. 112

Zeitverhältnis

Der Konjunktiv I des Präsens steht, wenn die Aussage des abhän-gigen Satzes gleichzeitig zur Aussage des übergeordneten Satzes ist,– unabhängig davon, welches Tempus der übergeordnete Satz hat. 113

Wir fragen ihn,
Wir fragten ihn,
Wir haben ihn gefragt, – ob er den Weg wisse.
Wir hatten ihn gefragt,
Wir werden ihn fragen,

Der Konjunktiv I des Perfekts bzw. des Futurs II steht, wenn die Aussage des abhängigen Satzes vorzeitig zur Aussage des über-geordneten Satzes ist, – unabhängig davon, welches Tempus der übergeordnete Satz hat.

Er sagt,
Er sagte,
Er hat gesagt
Er hatte gesagt,
Er wird sagen,

– dass er es nicht getan habe.
– dass er das Auto bis morgen repariert haben werde.

Der Konjunktiv I des Futurs I steht, wenn die Aussage des abhängigen Satzes nachzeitig zur Aussage des übergeordneten Satzes ist, – unabhängig davon, welches Tempus der übergeordnete Satz hat.

Wir versprechen ihm,
Wir versprachen ihm,
Wir haben ihm versprochen,
Wir hatten ihm versprochen,
Wir werden ihm versprechen,

– dass es niemand erfahren werde.

☞ Tempus, 120–127

47 Was hat Herr A. wörtlich zu Herrn B. gesagt?

Es tue ihm Leid; aber er könne sich wirklich nicht mehr erinnern, dass ich mit ihm einen Termin ausgemacht hätte, an dem wir uns mit dem Partner träfen. Grundsätzlich vergesse er nämlich nie eine Verabredung, die man einmal vereinbart habe. Ob ich mich denn nicht geirrt hätte. Ich möge doch in meinem Kalender nochmals nachsehen.

Konjunktiv II

114 Tempora

Der Konjunktiv II wird in vier grammatischen Tempora gebildet.

Präsens		*Perfekt*	
ich käme	ich kaufte	ich wäre gekommen	ich hätte gekauft.
du kämest	du kauftest	du wär(e)st gekommen	du hättest gekauft
er käme	er kaufte	er wäre gekommen	er hätte gekauft
wir kämen	wir kauften	wir wären gekommen	wir hätten gekauft
ihr kämet	ihr kauftet	ihr wär(e)t gekommen	ihr hättet gekauft
sie kämen	sie kauften	sie wären gekommen	sie hätten gekauft

Futur I	*Futur II*
ich würde kommen	ich würde gekommen sein
du würdest kommen	du würdest gekommen sein
er würde kommen	er würde gekommen sein
wir würden kommen	wir würden gekommen sein
ihr würdet kommen	ihr würdet gekommen sein
sie würden kommen	sie würden gekommen sein

Bildung des Konjunktivs II

115

ich w**a**r – ich w**ä**re
ich h**a**tte – ich h**ä**tte
ich w**u**rde – ich w**ü**rde

ich k**o**nnte – ich k**ö**nnte
ich m**u**sste – ich m**ü**sste
ich m**o**chte – ich m**ö**chte
ich d**u**rfte – ich d**ü**rfte

ich k**a**m – ich k**ä**me
ich l**u**d – ich l**ü**de
ich fl**o**g – ich fl**ö**ge
ich br**a**chte – ich br**ä**chte

Bei den Hilfsverben, den meisten Modalverben und starken Verben (auch unregelmäßigen Verben) wird der Konjunktiv II des Präsens durch Umlaut aus dem Indikativ des Präteritums gebildet.

ich fing – ich finge
du fingst – du fingest
er fing – er finge
wir fingen – wir fingen
ihr fingt – ihr finget
sie fingen – sie fingen

Bei den starken Verben mit einem „i“ in der 2. Stammform unterscheiden sich nicht alle Formen des Konjunktivs II des Präsens vom Indikativ des Präteritums.

ich sagte – ich sagte
ich redete – ich redete

Bei den schwachen Verben lauten Indikativ des Präteritums und Konjunktiv II des Präsens gleich.

☞ Umlaut, 10

Ersatzformen

116 Wenn der Konjunktiv II des Präsens und der Indikativ des Präteritums gleich lauten, dann kann – zur Vermeidung von Missverständnissen – der Konjunktiv II des Präsens durch den Konjunktiv II des Futurs I ersetzt werden.

Er wisse es genau; sonst **sagte** er es ihnen nicht.	Er wisse es genau; sonst **würde** er es ihnen nicht **sagen**.
Wenn er es wünschte, **blieben** sie noch einige Tage.	Wenn er es wünschte, **würden** sie noch einige Tage **bleiben**.

117 Wenn der Konjunktiv II des Präsens eine ungewöhnliche oder nicht mehr gebräuchliche Form ist, dann kann er durch den Konjunktiv II des Futurs I ersetzt werden.

(er kannte)	er kennte	→ er würde kennen
(sie banden)	sie bänden	→ sie würden binden
(ich wusch)	ich wüsche	→ ich würde waschen
(es schmolz)	es schmölze	→ es würde schmelzen
(wir lasen)	wir läsen	→ wir würden lesen

Nach Möglichkeit sollte man in Satzgefügen ein doppeltes „würde“ vermeiden:

Wenn ich es **wüsste, würde** ich es dir **sagen**.
Ich **würde** es nicht **sagen**, wenn ich mir nicht sicher **wäre**.

☞ Konjugationstabellen, 128–140

Indirekte (berichtete) Rede 118

Grundsätzlich gilt: Was in der direkten Rede im Konjunktiv II steht, wird auch in der indirekten Rede im Konjunktiv II wiedergegeben; es ändert sich nur die Person.

Franz sagte: „Wenn ich das gewusst hätte, wäre ich nicht gekommen.“

Franz sagte, wenn er das gewusst hätte, wäre er nicht gekommen.

☞ indirekte Rede, 112

48 Setze den richtigen Konjunktiv ein:
Sie nahmen an, dass ich (kommen) – dass er mit dem Zug (fahren) – dass wir es wieder in Ordnung (bringen) – dass der Zug Verspätung (haben) – dass ich mich verspätet (haben) – dass er krank (sein) – dass sie es ihnen noch sagen (werden) – dass ich kommen (werden) – dass ich alles (vorbereiten) – dass er alles (vorbereiten) –

49 Setze in die indirekte Rede:
Franz sagt: „Wenn ich das gewusst hätte, dann wäre ich gleich zu Hause geblieben. Hättest du mir das nicht schon viel früher sagen können? Das wäre doch bestimmt nicht zu viel verlangt gewesen. Du könntest dich ruhig einmal in meine Lage versetzen; dann würdest du die Sache anders betrachten.“

50 Vervollständige die Sätze:
Die Voraussetzung trifft zu:
Wenn du vorbeikommst, dann . . . – Wenn ich es nicht vergesse, . . . – Wenn das Spiel schon begonnen hat, . . .
Die Voraussetzung trifft nicht zu:
Wenn ich genügend Zeit gehabt hätte, dann . . . – Wenn die Straßen abgesperrt gewesen wären, . . . – Wenn ich dazu in der Lage wäre, . . .

51 Wie lauten die entsprechenden Formen des Konjunktivs II?
sie sahen – er gab – du standest – ich brachte – wir wussten – ihr mochtet – wir trugen – es zog

119 Imperativ

(lat.: *imperare,* befehlen)

Die grammatische Form des Imperativs kommt nur in der zweiten Person (Singular und Plural) des Präsens vor. Sie richtet sich unmittelbar an einen Angesprochenen.	
Rechne es nach! Rechnet es nach! Rechnen Sie es nach!	Der Imperativ wird aus der 1. Stammform gebildet. Nur die Höflichkeitsform hat ein Personalpronomen.
Sage es mir! Sag doch etwas!	Bei den schwachen Verben hat der Imperativ der 2. Person Singular im Allgemeinen die Endung -e. In der Umgangssprache fällt die Endung oft weg.
ich gebe – du gibst – gib! ich komme – du kommst – komm!	Bei den starken Verben (besonders mit e/i-Wechsel) wird der Imperativ der 2. Person Singular (meistens) endungslos gebildet.
ihr hört – hört! ihr helft – helft! ihr springt – springt!	Der Imperativ der 2. Person Plural lautet mit der entsprechenden Form des Indikativs gleich.
Seien Sie bitte so freundlich und reichen Sie mir den Zucker!	Die Höflichkeitsform des Imperativs stimmt mit der 3. Person Plural des Konjunktivs I überein.
Franz sagt zu mir: „Hilf mir!“	Aufforderungen (und ähnliches) müssen in der indirekten Rede umschrieben werden. Möglichkeiten dafür sind:
Franz sagt zu mir, – ich möge (solle) ihm helfen.	– Modalverben
– ob ich ihm nicht helfen könne.	– indirekter Fragesatz
Franz bat mich – ihm zu helfen. – , dass ich ihm helfe.	– satzwertiger Infinitiv – Konjunktionalsatz

☞ Stammform, 78; schwache Verben, 79; starke Verben, 80; e/i-Wechsel, 140; indirekte Rede, 112, 118; indirekter Fragesatz, 219; Konjunktionalsatz, 217

Tempus

(das Tempus, Plural: Tempora, lat.: Zeit)

Grammatische Tempora

Die Konjugation (Beugung des Verbs) hat sechs Tempora. 120

sie bringt	Präsens
sie brachte	Präteritum (Imperfekt)
sie hat gebracht sie ist abgefahren	Perfekt
sie hatte gebracht sie war abgefahren	Plusquamperfekt
sie wird bringen	Futur I
sie wird gebracht haben sie wird abgefahren sein	Futur II

Tempus und Zeitstufe

Meistens stimmen die grammatischen Tempora des Verbs mit den Zeitstufen – Gegenwart, Vergangenheit und Zukunft – überein. Es gibt aber auch Abweichungen. In diesen Fällen wird die Zeitstufe durch andere sprachliche Mittel als die grammatischen Tempora wiedergegeben, hauptsächlich durch adverbiale Zeitangaben. Wichtig ist dabei der Zusammenhang, in dem ein Satz steht. 121

	Tempus	Zeitstufe
Es hat lange gedauert, aber jetzt habe ich es endlich begriffen.	Perfekt	Gegenwart
Wenn du es sagst, dann wird es auch so gewesen sein.	Futur II	Vergangenheit
Sie kommen morgen zurück.	Präsens	Zukunft

☞ adverbiale Zeitangabe, 181

122 Präsens

(das Präsens, lat.: gegenwärtig)

Inge schließt das Fenster.	Es geschieht jetzt: **tatsächliche Gegenwart**
Ich putze mir jeden Morgen die Zähne.	Das Geschehen wiederholt sich, ist nicht an die Gegenwart gebunden: **Feststellung eines sich wiederholenden Geschehens**
Der Wal gehört zu den Säugetieren. Die Erde dreht sich um die Sonne.	Die Aussage ist an keine Zeit gebunden: **allgemeine Gültigkeit**
Er kommt noch heute. Morgen fahren wir zurück.	Das Geschehen wird erst noch eintreten: **Aussage über zukünftiges Geschehen**
Am 12. Oktober 1492 landet Kolumbus auf der Insel Guanahani.	Über ein vergangenes Ereignis wird im Präsens berichtet: **historisches Präsens**
Plötzlich fiel es mir wie Schuppen von den Augen, ich reiße die Tür auf. Da steht der Gesuchte vor mir.	Das Tempus wechselt in der Erzählung; der Erzähler vergegenwärtigt sich das Geschehen: **dramatische Erzählweise (historisches Präsens)**

123 Präteritum (Imperfekt)

(das Präteritum, lat.: das Vorübergegangene; das Imperfekt, lat.: das Unvollendete)

Er eilte durch die menschenleeren Straßen. Der Mond schaute hinter den Wolken hervor.	Das Präteritum ist das **Erzähltempus**, es berichtet über **Vergangenes.**

Perfekt 124

(das Perfekt, lat.: das Vollendete)

Bis ins hohe Alter hat er täglich die Zeitung gelesen

Das Perfekt übernimmt heute, vor allem in der Alltagssprache, **Funktionen des Präteritums**; es berichtet allgemein über vergangenes Geschehen.

Ich habe mit ihm gesprochen. (Ich weiß daher, worum es geht.)

Er hat die Infektion überstanden. (Jetzt ist er wieder gesund.)

Im eigentlichen Sinn ist das Perfekt aber auf die Gegenwart bezogen; es berichtet von einem vergangenen Geschehen, dessen Folgen noch in der Gegenwart nachwirken:
vollendete Gegenwart

Nachdem ich mit ihm gesprochen habe, weiß ich jetzt, worum es geht.

Vorzeitigkeit zur Gegenwart

Plusquamperfekt 125

(das Plusquamperfekt, lat.: mehr als vollendet)

Ich hatte ihn gewarnt, aber er glaubte mir nicht. So muss er jetzt selbst sehen, wie er zurechtkommt.

Das Berichtete war bereits geschehen, als etwas anderes, das auch schon der Vergangenheit angehört, eintrat oder sich ereignete:
vollendete Vergangenheit oder **Vorvergangenheit**

Nachdem er dies gehört hatte, änderte er seine Meinung.

Vorzeitigkeit zur Vergangenheit

126 Futur I

(das Futur, lat.: das Zukünftige)

Du kannst dich darauf verlassen; wir werden die Sache wieder in Ordnung bringen.

Das Futur I berichtet von einem **zukünfigen Geschehen.**

Wir schauen morgen bei dir vorbei.

Dieses zukünftige Geschehen kann aber auch, wenn im Satz bereits eine (adverbiale) Zeitangabe steht, durch das Präsens wiedergegeben werden.

Ich nehme an, er wird gerade in der Orchesterprobe sein.
Das wirst du jetzt sein lassen!

Das Futur I kann eine **Vermutung** oder eine **Aufforderung** ausdrücken.

Wenn du mich darum bittest, dann werde ich es tun.

Nachzeitigkeit zur Gegenwart

127 Futur II

Ich hoffe, bis morgen werde ich Ihr Angebot überprüft haben.

Das Futur II gibt etwas wieder, das zu einem bestimmten zukünftigen Zeitpunkt bereits geschehen sein wird:
vollendete Zukunft

Rufen Sie mich morgen bitte wieder an! Dann habe ich Ihr Angebot überprüft.

Diese Verwendung ist allerdings sehr selten. Die vollendete Zukunft wird meistens durch das Perfekt ausgedrückt.

Es wird schon nicht so schlimm gewesen sein.
Er wird es schon nicht vergessen haben.

Häufiger ist die Verwendung des Futurs II als **Vermutung über Vergangenes.**

Wenn ihr mich morgen um zehn anruft, dann wird die Entscheidung über den Antrag sicher schon gefallen sein (dann ist die Entscheidung über den Antrag sicher schon gefallen).

Vorzeitigkeit zu einem Geschehen in der Zukunft

Dabei wird das Futur II häufig durch das Perfekt ersetzt.

128

Konjugationstabellen

Konjugation des Hilfsverbs „sein“

Infinitiv:	sein	Imperativ Singular:	sei!
Partizip I:	seiend	Imperativ Plural:	seid!
Partizip II:	gewesen		

Modus / Tempus	Indikativ	Konjunktiv I	Konjunktiv II
Präsens	ich bin du bist er ist wir sind ihr seid sie sind	ich sei du sei(e)st er sei wir seien ihr seiet sie seien	ich wäre du wär(e)st er wäre wir wären ihr wär(e)t sie wären
Präteritum	ich war du warst er war wir waren ihr wart sie waren		
Perfekt	ich bin gewesen du bist gewesen er ist gewesen wir sind gewesen ihr seid gewesen sie sind gewesen	ich sei gewesen du sei(e)st gewesen er sei gewesen wir seien gewesen ihr seiet gewesen sie seien gewesen	ich wäre gewesen du wär(e)st gewesen er wäre gewesen wir wären gewesen ihr wär(e)t gewesen sie wären gewesen
Plusquam-perfekt	ich war gewesen du warst gewesen er war gewesen wir waren gewesen ihr wart gewesen sie waren gewesen		
Futur I	ich werde sein du wirst sein er wird sein wir werden sein ihr werdet sein sie werden sein	ich werde sein du werdest sein er werde sein wir werden sein ihr werdet sein sie werden sein	ich würde sein du würdest sein er würde sein wir würden sein ihr würdet sein sie würden sein
Futur II	ich werde gewesen sein du wirst gewesen sein er wird gewesen sein wir werden gewesen sein ihr werdet gewesen sein sie werden gewesen sein	ich werde gewesen sein du werdest gewesen sein er werde gewesen sein wir werden gewesen sein ihr werdet gewesen sein sie werden gewesen sein	ich würde gewesen sein du würdest gewesen sein er würde gewesen sein wir würden gewesen sein ihr würdet gewesen sein sie würden gewesen sein

129 Konjugation des Hilfsverbs „haben“

Infinitiv:	haben	Imperativ Singular:	hab(e)!
Partizip I:	habend	Imperativ Plural:	habt!
Partizip II:	gehabt		

Modus / Tempus	Indikativ	Konjunktiv I	Konjunktiv II
Präsens	ich habe du hast er hat wir haben ihr habt sie haben	ich habe du habest er habe wir haben ihr habet sie haben	ich hätte du hättest er hätte wir hätten ihr hättet sie hätten
Präteritum	ich hatte du hattest er hatte wir hatten ihr hattet sie hatten		
Perfekt	ich habe gehabt du hast gehabt er hat gehabt wir haben gehabt ihr habt gehabt sie haben gehabt	ich habe gehabt du habest gehabt er habe gehabt wir haben gehabt ihr habet gehabt sie haben gehabt	ich hätte gehabt du hättest gehabt er hätte gehabt wir hätten gehabt ihr hättet gehabt sie hätten gehabt
Plusquam-perfekt	ich hatte gehabt du hattest gehabt er hatte gehabt wir hatten gehabt ihr hattet gehabt sie hatten gehabt		
Futur I	ich werde haben du wirst haben er wird haben wir werden haben ihr werdet haben sie werden haben	ich werde haben du werdest haben er werde haben wir werden haben ihr werdet haben sie werden haben	ich würde haben du würdest haben er würde haben wir würden haben ihr würdet haben sie würden haben
Futur II	ich werde gehabt haben du wirst gehabt haben er wird gehabt haben wir werden gehabt haben ihr werdet gehabt haben sie werden gehabt haben	ich werde gehabt haben du werdest gehabt haben er werde gehabt haben wir werden gehabt haben ihr werdet gehabt haben sie werden gehabt haben	ich würde gehabt haben du würdest gehabt haben er würde gehabt haben wir würden gehabt haben ihr würdet gehabt haben sie würden gehabt haben

Konjugation des Hilfsverbs „werden“

130

Infinitiv:	werden	Imperativ Singular:	werde!
Partizip I:	werdend	Imperativ Plural:	werdet!
Partizip II:	geworden		

Modus / Tempus	Indikativ	Konjunktiv I	Konjunktiv II
Präsens	ich werde du wirst er wird wir werden ihr werdet sie werden	ich werde du werdest er werde wir werden ihr werdet sie werden	ich würde du würdest er würde wir würden ihr würdet sie würden
Präteritum	ich wurde du wurdest er wurde wir wurden ihr wurdet sie wurden		
Perfekt	ich bin geworden du bist geworden er ist geworden wir sind geworden ihr seid geworden sie sind geworden	ich sei geworden du sei(e)st geworden er sei geworden wir seien geworden ihr seiet geworden sie seien geworden	ich wäre geworden du wär(e)st geworden er wäre geworden wir wären geworden ihr wär(e)t geworden sie wären geworden
Plusquam-perfekt	ich war geworden du warst geworden er war geworden wir waren geworden ihr wart geworden sie waren geworden		
Futur I	ich werde werden du wirst werden er wird werden wir werden werden ihr werdet werden sie werden werden	ich werde werden du werdest werden er werde werden wir werden werden ihr werdet werden sie werden werden	ich würde werden du würdest werden er würde werden wir würden werden ihr würdet werden sie würden werden
Futur II	ich werde geworden sein du wirst geworden sein er wird geworden sein wir werden geworden sein ihr werdet geworden sein sie werden geworden sein	ich werde geworden sein du werdest geworden sein er werde geworden sein wir werden geworden sein ihr werdet geworden sein sie werden geworden sein	ich würde geworden sein du würdest geworden sein er würde geworden sein wir würden geworden sein ihr würdet geworden sein sie würden geworden sein

131 Konjugation der Modalverben

Infinitiv: können, sollen, müssen, mögen, dürfen, wollen
Partizip II: gekonnt, gesollt, gemusst, gemocht, gedurft, gewollt

Modus / Tempus	Indikativ	Konjunktiv I	Konjunktiv II
Präsens	ich kann du kannst er kann wir können ihr könnt sie können ich soll du sollst er soll wir sollen ihr sollt sie sollen ich muss du musst er muss wir müssen ihr müsst sie müssen ich mag du magst er mag wir mögen ihr mögt sie mögen ich darf du darfst er darf wir dürfen ihr dürft sie dürfen ich will du willst er will wir wollen ihr wollt sie wollen	ich könne du könnest er könne wir können ihr könnet sie können ich solle du sollest er solle wir sollen ihr sollet sie sollen ich müsse du müssest er müsse wir müssen ihr müsset sie müssen ich möge du mögest er möge wir mögen ihr möget sie mögen ich dürfe du dürfest er dürfe wir dürfen ihr dürfet sie dürfen ich wolle du wollest er wolle wir wollen ihr wollet sie wollen	ich könnte du könntest er könnte wir könnten ihr könntet sie könnten ich sollte du solltest er sollte wir sollten ihr solltet sie sollten ich müsste du müsstest er müsste wir müssten ihr müsstet sie müssten ich möchte du möchtest er möchte wir möchten ihr möchtet sie möchten ich dürfte du dürftest er dürfte wir dürften ihr dürftet sie dürften ich wollte du wolltest er wollte wir wollten ihr wolltet sie wollten
Präteritum	ich konnte — ebenso: du konntest — ich sollte er konnte — ich musste wir konnten — ich mochte ihr konntet — ich durfte sie konnten — ich wollte		

Perfekt	ich habe gekonnt du hast gekonnt er hat gekonnt wir haben gekonnt ihr habt gekonnt sie haben gekonnt	ich habe gekonnt du habest gekonnt er habe gekonnt wir haben gekonnt ihr habet gekonnt sie haben gekonnt	ich hätte gekonnt du hättest gekonnt er hätte gekonnt wir hätten gekonnt ihr hättet gekonnt sie hätten gekonnt
Plusquam-perfekt	ich hatte gekonnt du hattest gekonnt er hatte gekonnt wir hatten gekonnt ihr hattet gekonnt sie hatten gekonnt		
Futur I	ich werde können du wirst können er wird können wir werden können ihr werdet können sie werden können	ich werde können du werdest können er werde können wir werden können ihr werdet können sie werden können	ich würde können du würdest können er würde können wir würden können ihr würdet können sie würden können
Futur II	ich werde gekonnt haben du wirst gekonnt haben er wird gekonnt haben wir werden gekonnt haben ihr werdet gekonnt haben sie werden gekonnt haben	ich werde gekonnt haben du werdest gekonnt haben er werde gekonnt haben wir werden gekonnt haben ihr werdet gekonnt haben sie werden gekonnt haben	ich würde gekonnt haben du würdest gekonnt haben er würde gekonnt haben wir würden gekonnt haben ihr würdet gekonnt haben sie würden gekonnt haben

Konjugation von „wissen“ 132

Infinitiv:	wissen	Imperativ Singular:	wisse!
Partizip I:	wissend	Imperativ Plural:	wisst!
Partizip II:	gewusst		

Modus / Tempus	Indikativ	Konjunktiv I	Konjunktiv II
Präsens	ich weiß du weißt er weiß wir wissen ihr wisst sie wissen	ich wisse du wissest er wisse wir wissen ihr wisset sie wissen	ich wüsste du wüsstest er wüsste wir wüssten ihr wüsstet sie wüssten
Präteritum	ich wusste du wusstest er wusste wir wussten ihr wusstet sie wussten		

Perfekt	ich habe gewusst du hast gewusst er hat gewusst wir haben gewusst ihr habt gewusst sie haben gewusst	ich habe gewusst du habest gewusst er habe gewusst wir haben gewusst ihr habet gewusst sie haben gewusst	ich hätte gewusst du hättest gewusst er hätte gewusst wir hätten gewusst ihr hättet gewusst sie hätten gewusst
Plusquam-perfekt	ich hatte gewusst du hattest gewusst er hatte gewusst wir hatten gewusst ihr hattet gewusst sie hatten gewusst		
Futur I	ich werde wissen du wirst wissen er wird wissen wir werden wissen ihr werdet wissen sie werden wissen	ich werde wissen du werdest wissen er werde wissen wir werden wissen ihr werdet wissen sie werden wissen	ich würde wissen du würdest wissen er würde wissen wir würden wissen ihr würdet wissen sie würden wissen
Futur II	ich werde gewusst haben du wirst gewusst haben er wird gewusst haben wir werden gewusst haben ihr werdet gewusst haben sie werden gewusst haben	ich werde gewusst haben du werdest gewusst haben er werde gewusst haben wir werden gewusst haben ihr werdet gewusst haben sie werden gewusst haben	ich würde gewusst haben du würdest gewusst haben er würde gewusst haben wir würden gewusst haben ihr würdet gewusst haben sie würden gewusst haben

133 Schwache Konjugation (Perfektformen mit „haben“)

Infinitiv:	wählen	Imperativ Singular:	wähle!
Partizip I:	wählend	Imperativ Plural:	wählt!
Partizip II:	gewählt		

Aktiv			
Modus / Tempus	Indikativ	Konjunktiv I	Konjunktiv II
Präsens	ich wähle du wählst er wählt wir wählen ihr wählt sie wählen	ich wähle du wählest er wähle wir wählen ihr wählet sie wählen	ich wählte du wähltest er wählte wir wählten ihr wähltet sie wählten

Präteritum	ich wählte du wähltest er wählte wir wählten ihr wähltet sie wählten		
Perfekt	ich habe gewählt du hast gewählt er hat gewählt wir haben gewählt ihr habt gewählt sie haben gewählt	ich habe gewählt du habest gewählt er habe gewählt wir haben gewählt ihr habet gewählt sie haben gewählt	ich hätte gewählt du hättest gewählt er hätte gewählt wir hätten gewählt ihr hättet gewählt sie hätten gewählt
Plusquamperfekt	ich hatte gewählt du hattest gewählt er hatte gewählt wir hatten gewählt ihr hattet gewählt sie hatten gewählt		
Futur I	ich werde wählen du wirst wählen er wird wählen wir werden wählen ihr werdet wählen sie werden wählen	ich werde wählen du werdest wählen er werde wählen wir werden wählen ihr werdet wählen sie werden wählen	ich würde wählen du würdest wählen er würde wählen wir würden wählen ihr würdet wählen sie würden wählen
Futur II	ich werde gewählt haben du wirst gewählt haben er wird gewählt haben wir werden gewählt haben ihr werdet gewählt haben sie werden gewählt haben	ich werde gewählt haben du werdest gewählt haben er werde gewählt haben wir werden gewählt haben ihr werdet gewählt haben sie werden gewählt haben	ich würde gewählt haben du würdest gewählt haben er würde gewählt haben wir würden gewählt haben ihr würdet gewählt haben sie würden gewählt haben

134

Vorgangspassiv			
Modus / Tempus	Indikativ	Konjunktiv I	Konjunktiv II
Präsens	ich werde gewählt du wirst gewählt er wird gewählt wir werden gewählt ihr werdet gewählt sie werden gewählt	ich werde gewählt du werdest gewählt er werde gewählt wir werden gewählt ihr werdet gewählt sie werden gewählt	ich würde gewählt du würdest gewählt er würde gewählt wir würden gewählt ihr würdet gewählt sie würden gewählt

Präteritum	ich wurde gewählt du wurdest gewählt er wurde gewählt wir wurden gewählt ihr wurdet gewählt sie wurden gewählt		
Perfekt	ich bin gewählt worden du bist gewählt worden er ist gewählt worden wir sind gewählt worden ihr seid gewählt worden sie sind gewählt worden	ich sei gewählt worden du sei(e)st gewählt worden er sei gewählt worden wir seien gewählt worden ihr seiet gewählt worden sie seien gewählt worden	ich wäre gewählt worden du wärest gewählt worden er wäre gewählt worden wir wären gewählt worden ihr wäret gewählt worden sie wären gewählt worden
Plusquam-perfekt	ich war gewählt worden du warst gewählt worden er war gewählt worden wir waren gewählt worden ihr wart gewählt worden sie waren gewählt worden		
Futur I	ich werde gewählt werden du wirst gewählt werden er wird gewählt werden wir werden gewählt werden ihr werdet gewählt werden sie werden gewählt werden	ich werde gewählt werden du werdest gewählt werden er werde gewählt werden wir werden gewählt werden ihr werdet gewählt werden sie werden gewählt werden	ich würde gewählt werden du würdest gewählt werden er würde gewählt werden wir würden gewählt werden ihr würdet gewählt werden sie würden gewählt werden
Futur II	ich werde worden gewählt sein du wirst worden gewählt sein er wird worden gewählt sein wir werden worden gewählt sein ihr werdet worden gewählt sein sie werden worden gewählt sein	ich werde worden gewählt sein du werdest worden gewählt sein er werde worden gewählt sein wir werden worden gewählt sein ihr werdet worden gewählt sein sie werden worden gewählt sein	ich würde worden gewählt sein du würdest worden gewählt sein er würde worden gewählt sein wir würden worden gewählt sein ihr würdet worden gewählt sein sie würden worden gewählt sein

Zustandspassiv			
Modus / Tempus	Indikativ	Konjunktiv	Konjunktiv II
Präsens	ich bin gewählt du bist gewählt er ist gewählt wir sind gewählt ihr seid gewählt sie sind gewählt	ich sei gewählt du sei(e)st gewählt er sei gewählt wir seien gewählt ihr seiet gewählt sie seien gewählt	ich wäre gewählt du wär(e)st gewählt er wäre gewählt wir wären gewählt ihr wär(e)t gewählt sie wären gewählt
Präteritum	ich war gewählt du warst gewählt er war gewählt wir waren gewählt ihr wart gewählt sie waren gewählt		
Perfekt	ich bin gewählt gewesen du bist gewählt gewesen er ist gewählt gewesen wir sind gewählt gewesen ihr seid gewählt gewesen sie sind gewählt gewesen	ich sei gewählt gewesen du sei(e)st gewählt gewesen er sei gewählt gewesen wir seien gewählt gewesen ihr seiet gewählt gewesen sie seien gewählt gewesen	ich wäre gewählt gewesen du wärest gewählt gewesen er wäre gewählt gewesen wir wären gewählt gewesen ihr wär(e)t gewählt gewesen sie wären gewählt gewesen
Plusquam-perfekt	ich war gewählt gewesen du warst gewählt gewesen er war gewählt gewesen wir waren gewählt gewesen ihr wart gewählt gewesen sie waren gewählt gewesen		
Futur I	ich werde gewählt sein du wirst gewählt sein er wird gewählt sein wir werden gewählt sein ihr werdet gewählt sein sie werden gewählt sein	ich werde gewählt sein du werdest gewählt sein er werde gewählt sein wir werden gewählt sein ihr werdet gewählt sein sie werden gewählt sein	ich würde gewählt sein du würdest gewählt sein er würde gewählt sein wir würden gewählt sein ihr würdet gewählt sein sie würden gewählt sein

Futur II	ich werde gewählt gewesen sein du wirst gewählt gewesen sein er wird gewählt gewesen sein wir werden gewählt gewesen sein ihr werdet gewählt gewesen sein sie werden gewählt gewesen sein	ich werde gewählt gewesen sein du werdest gewählt gewesen sein er werde gewählt gewesen sein wir werden gewählt gewesen sein ihr werdet gewählt gewesen sein sie werden gewählt gewesen sein	ich würde gewählt gewesen sein du würdest gewählt gewesen sein er würde gewählt gewesen sein wir würden gewählt gewesen sein ihr würdet gewählt gewesen sein sie würden gewählt gewesen sein

136 Schwache Konjugation (Perfektformen mit „sein")

Infinitiv: eilen
Partizip I: eilend
Partizip II: geeilt

Imperativ Singular: eile!
Imperativ Plural: eilt!

Aktiv			
Modus / Tempus	Indikativ	Konjunktiv I	Konjunktiv II
Präsens	ich eile du eilst er eilt wir eilen ihr eilt sie eilen	ich eile du eilest er eile wir eilen ihr eilet sie eilen	ich eilte du eiltest er eilte wir eilten ihr eiltet sie eilten
Präteritum	ich eilte du eiltest er eilte wir eilten ihr eiltet sie eilten		
Perfekt	ich bin geeilt du bist geeilt er ist geeilt wir sind geeilt ihr seid geeilt sie sind geeilt	ich sei geeeilt du sei(e)st geeilt er sei geeilt wir seien geeilt ihr seiet geeilt sie seien geeilt	ich wäre geeilt du wär(e)st geeilt er wäre geeilt wir wären geeilt ihr wär(e)t geeilt sie wären geeilt
Plusquamperfekt	ich war geeilt du warst geeilt er war geeilt wir waren geeilt ihr wart geeilt sie waren geeilt		

Futur I	ich werde eilen du wirst eilen er wird eilen wir werden eilen ihr werdet eilen sie werden eilen	ich werde eilen du werdest eilen er werde eilen wir werden eilen ihr werdet eilen sie werden eilen	ich würde eilen du würdest eilen er würde eilen wir würden eilen ihr würdet eilen sie würden eilen
Futur II	ich werde geeilt sein du wirst geeilt sein er wird geeilt sein wir werden geeilt sein ihr werdet geeilt sein sie werden geeilt sein	ich werde geeilt sein du werdest geeilt sein er werde geeilt sein wir werden geeilt sein ihr werdet geeilt sein sie werden geeilt sein	ich würde geeilt sein du würdest geeilt sein er würde geeilt sein wir würden geeilt sein ihr würdet geeilt sein sie würden geeilt sein

☞ Vorgangspassiv, 134; Zustandspassiv, 135

Starke Konjugation (Perfektformen mit „haben“) 137

Infinitiv:	tragen	Imperativ Singular:	trag!
Partizip I:	tragend	Imperativ Plural:	tragt!
Partizip II:	getragen		

	Aktiv		
Modus / Tempus	Indikativ	Konjunktiv I	Konjunktiv II
Präsens	ich trage du trägst er trägt wir tragen ihr tragt sie tragen	ich trage du tragest er trage wir tragen ihr traget sie tragen	ich trüge du trügest er trüge wir trügen ihr trüget sie trügen
Präteritum	ich trug du trugst er trug wir trugen ihr trugt sie trugen		
Perfekt	ich habe getragen du hast getragen er hat getragen wir haben getragen ihr habt getragen sie haben getragen	ich habe getragen du habest getragen er habe getragen wir haben getragen ihr habet getragen sie haben getragen	ich hätte getragen du hättest getragen er hätte getragen wir hätten getragen ihr hättet getragen sie hätten getragen

Plusquamperfekt	ich hatte getragen du hattest getragen er hatte getragen wir hatten getragen ihr hattet getragen sie hatten getragen		
Futur I	ich werde tragen du wirst tragen er wird tragen wir werden tragen ihr werdet tragen sie werden tragen	ich werde tragen du werdest tragen er werde tragen wir werden tragen ihr werdet tragen sie werden tragen	ich würde tragen du würdest tragen er würde tragen wir würden tragen ihr würdet tragen sie würden tragen
Futur II	ich werde getragen haben du wirst getragen haben er wird getragen haben wir werden getragen haben ihr werdet getragen haben sie werden getragen haben	ich werde getragen haben du werdest getragen haben er werde getragen haben wir werden getragen haben ihr werdet getragen haben sie werden getragen haben	ich würde getragen haben du würdest getragen haben er würde getragen haben wir würden getragen haben ihr würdet getragen haben sie würden getragen haben

☞ Vorgangspassiv, 134; Zustandspassiv, 135

138 Starke Konjugation (Perfektformen mit „sein“)

Infinitiv: kommen
Partizip I: kommend
Partizip II: gekommen

Imperativ Singular: komm!
Imperativ Plural: kommt!

Aktiv			
Modus / Tempus	Indikativ	Konjunktiv I	Konjunktiv II
Präsens	ich komme du kommst er kommt wir kommen ihr kommt sie kommen	ich komme du kommest er komme wir kommen ihr kommet sie kommen	ich käme du kämst er käme wir kämen ihr kämet sie kämen
Präteritum	ich kam du kamst er kam wir kamen ihr kamt sie kamen		

Perfekt	ich bin gekommen du bist gekommen er ist gekommen wir sind gekommen ihr seid gekommen sie sind gekommen	ich sei gekommen du sei(e)st gekommen er sei gekommen wir seien gekommen ihr seiet gekommen sie seien gekommen	ich wäre gekommen du wär(e)st gekommen er wäre gekommen wir wären gekommen ihr wär(e)t gekommen sie wären gekommen
Plusquam-perfekt	ich war gekommen du warst gekommen er war gekommen wir waren gekommen ihr wart gekommen sie waren gekommen		
Futur I	ich werde kommen du wirst kommen er wird kommen wir werden kommen ihr werdet kommen sie werden kommen	ich werde kommen du werdest kommen er werde kommen wir werden kommen ihr werdet kommen sie werden kommen	ich würde kommen du würdest kommen er würde kommen wir würden kommen ihr würdet kommen sie würden kommen
Futur II	ich werde gekommen sein du wirst gekommen sein er wird gekommen sein wir werden gekommen sein ihr werdet gekommen sein sie werden gekommen sein	ich werde gekommen sein du werdest gekommen sein er werde gekommen sein wir werden gekommen sein ihr werdet gekommen sein sie werden gekommen sein	ich würde gekommen sein du würdest gekommen sein er würde gekommen sein wir würden gekommen sein ihr würdet gekommen sein sie würden gekommen sein

☞ Vorgangspassiv, 134; Zustandspassiv, 135

Unregelmäßige Konjugation 139

Infinitiv:	bringen	Imperativ Singular:	bring!
Partizip I:	bringend	Imperativ Plural:	bringt!
Partizip II:	gebracht		

Aktiv			
Modus / Tempus	Indikativ	Konjunktiv I	Konjunktiv II
Präsens	ich bringe du bringst er bringt wir bringen ihr bringt sie bringen	ich bringe du bringest er bringe wir bringen ihr bringet sie bringen	ich brächte du brächtest er brächte wir brächten ihr brächtet sie brächten

Präteritum	ich brachte du brachtest er brachte wir brachten ihr brachtet sie brachten		
Perfekt	ich habe gebracht du hast gebracht er hat gebracht wir haben gebracht ihr habt gebracht sie haben gebracht	ich habe gebracht du habest gebracht er habe gebracht wir haben gebracht ihr habet gebracht sie haben gebracht	ich hätte gebracht du hättest gebracht er hätte gebracht wir hätten gebracht ihr hättet gebracht sie hätten gebracht
Plusquamperfekt	ich hatte gebracht du hattest gebracht er hatte gebracht wir hatten gebracht ihr hattet gebracht sie hatten gebracht		
Futur I	ich werde bringen du wirst bringen er wird bringen wir werden bringen ihr werdet bringen sie werden bringen	ich werde bringen du werdest bringen er werde bringen wir werden bringen ihr werdet bringen sie werden bringen	ich würde bringen du würdest bringen er würde bringen wir würden bringen ihr würdet bringen sie würden bringen
Futur II	ich werde gebracht haben du wirst gebracht haben er wird gebracht haben wir werden gebracht haben ihr werdet gebracht haben sie werden gebracht haben	ich werde gebracht haben du werdest gebracht haben er werde gebracht haben wir werden gebracht haben ihr werdet gebracht haben sie werden gebracht haben	ich würde gebracht haben du würdest gebracht haben er würde gebracht haben wir würden gebracht haben ihr würdet gebracht haben sie würden gebracht haben

☞ Vorgangspassiv, 134; Zustandspassiv, 135

140 Besonderheiten im Präsens und Präteritum des Aktivs

Umlaut und e/i-Wechsel:

ich lasse du lässt er lässt	ich fahre du fährst er fährt	Starke Verben mit dem Stammvokal „a" haben in der 2. und 3. Person Singular (Indikativ Aktiv) den Umlaut: „a" zu „ä" (Ausnahme: schaffen).
ich laufe du läufst er läuft	ich stoße du stößt er stößt	Umlaut teilweise auch bei „au" oder „o"

ich helfe du hilfst er hilft	ich lese du liest er liest	Verschiedene starke Verben mit dem Stammvokal „e" haben in der 2. und 3. Person Singular (Indikativ Aktiv) den e/i-Wechsel.

Einsatz von -e- in der Endung

du sagst er sagt ich sagte	aber: du redest er redet ich redete du atmest ich rechnete	Verben, deren Wortstamm auf „d" oder „t" (zum Teil auch „m" oder „n", wenn ein anderer Konsonant vorausgeht) endet, bilden die Endungen im Präsens und Präteritum (Aktiv) mit eingeschobenem „e".

☞ Umlaut, 10; Wortstamm, 8

Bildung der Verben

141

Nach der Art der Bildung sind fünf Gruppen zu unterscheiden.

Einfache oder ursprüngliche Verben

bringen, denken, essen, fliegen, heißen, laden, rennen, schreiben . . .

Abgeleitete Verben

trinken, **trank**- – **trän**ken liegen, l**a**g – l**e**gen fahren, fu**h**r – f**ü**hren	Ableitung aus Verb durch Umlaut (aus 2. Stammform)
Schlaf – schlafen Tanz – tanzen Fisch – fischen Stahl – st**ä**hlen Hobel – hobeln	Ableitung aus Nomen (zum Teil mit Umlaut)
lahm – lahmen/l**ä**hmen zahm – z**ä**hmen stark – st**ä**rken mäßig – mäßigen	Ableitung aus Adjektiv (zum Teil mit Umlaut)
be- laden – **be**laden er- leben – **er**leben ge- frieren – **ge**frieren miss- glücken – **miss**glücken ver- sinken – **ver**sinken zer- brechen – **zer**brechen -eln Witz – witz**eln** -en braun – br**ä**u**nen** -ern Rauch – r**ä**uch**ern**	Ableitung durch Präfix oder/und Suffix (aus Verb, Nomen oder Adjektiv; zum Teil mit Umlaut)

Zusammengesetzte Verben

absagen, auslaufen, vorhalten, zustellen, hereinfallen, wegbringen, widersprechen, wiederholen	mit Präposition oder einfachem Adverb
standhalten, wetteifern, festsetzen, vollenden, dreiteilen	mit Nomen, Adjektiv oder Numerale

Verbgefüge

Auch in einem Verbgefüge ist das Verb mit einem weiteren Wort enger verbunden. Die einzelnen Teile werden jedoch getrennt geschrieben.	
auseinander gehen, abhanden kommen	zusammengesetztes Adverb + Verb
leicht fallen, kurz treten (leichter fallen, kürzer treten)	steigerbares Adjektiv + Verb
getrennt schreiben, verloren gehen	Partizip + Verb
kennen lernen, spazieren gehen	Infinitiv + Verb
Rad fahren, Schuld haben	eigenständiges Nomen + Verb

Funktionsverben

Funktionsverben treten an die Stelle des eigentlichen Verbs, das durch das entsprechende Nomen ersetzt ist: Es wird meist der Vorgang oder Ablauf beschrieben, der zum Befund oder Ergebnis führt.	
in **Ordnung** bringen in **Zweifel** ziehen zum **Ausdruck** kommen zu der **Feststellung** gelangen auf etwas **Bezug** nehmen zu **Protokoll** geben zu **Ende** führen	– ordnen – bezweifeln – ausdrücken – feststellen – sich auf etwas beziehen – protokollieren – beenden

Beachte:

Zusammenschreibung

Abgeleitete oder zusammengesetzte Verben, deren Bestandteile bei der Konjugation nicht voneinander getrennt werden können, werden zusammengeschrieben.	
Ich **unter**breche die Sitzung. – **unter**bréchen – Bitte **wieder**holen Sie den Satz! – **wieder**hólen –	Präposition / Adverb + Verb (Betonung auf der Stammsilbe)
Sie **wett**eiferte mit den Besten.	Nomen + Verb
Er **lang**weilte sich sehr.	Adjektiv + Verb
Abgeleitete oder zusammengesetzte Verben, deren Bestandteile bei der Konjugation in einzelnen Formen voneinander getrennt werden, schreibt man nur im Infinitiv, im Partizip und im Nebensatz zusammen. Die Betonung liegt auf dem ersten Bestandteil.	
Wir bestellen die Zeitung **ab.** – **áb**bestellen – Ich bringe dir dein Buch **zurück.** – **zurück**bringen – Der Spion tauchte **unter.** – **únter**tauchen –	Präposition / einfaches Adverb + Verb
Das machst du mir doch nicht **weis.** – **wéis**machen –	Adjektiv + Verb Der erste Bestandteil kommt in dieser Form nicht als selbstständiges Wort vor.
Er setzte einen neuen Termin **fest.** – **fést**setzen –	Der erste Bestandteil kann nicht gesteigert oder erweitert werden.
Die Sitzung findet um 10 Uhr **statt.** – **státt**finden –	(verblasstes) Nomen + Verb

Getrenntschreibung

Sie legte den Brief **beiseite.** – beiseite legen – Lasst uns **vorwärts** blicken! Sie können die Stühle **aufeinander** stapeln. Das möchte ich **infrage** / **in Frage** stellen. Wir werden das schon **zuwege** / **zu Wege** bringen.	zusammengesetztes Adverb + Verb Dazu gehören auch Wortgefüge und Wortgruppen in der Funktion eines zusammengesetzten Adverbs.
Sie sollten etwas **kürzer** treten! – kurz treten – Mir geht es **sehr gut**. – gut gehen –	steigerbares oder erweiterbares Adjektiv + Verb
Es blieb noch allerhand **übrig**. – übrig bleiben –	Ableitung auf **-ig, -isch, -lich** + Verb
Im Zweifelsfall kann man ein Wort **getrennt** schreiben.	Partizip + Verb
Du kannst **Kopf** stehen, aber ich will nicht **Rad** fahren; wir könnten ja auch **Eis** laufen.	Nomen + Verb
Ich freue mich, dass ich Sie **kennen** lerne.	Verb (Infinitiv) + Verb
Wir können mit dem Ergebnis **zufrieden** sein. Bald werden die Ferien **vorbei** sein. Dazu wird er wohl **außerstande** / **außer Stande** sein.	Verbindungen mit „sein“

☞ Umlaut, 10; Stammform 78; Nomen, 30–40; Adjektiv, 52–67; Präfix, 11; Suffix, 11; Präposition, 151–155; Adverb, 142; Numerale, 51

Nicht flektierbare Wortarten

Adverb

(das Adverb, Plural: Adverbien, lat.: zum/beim Verb/Wort, d. h. nähere Angabe zu einem Verb oder Wort)

Adverb ist die Bezeichnung für eine Wortart. Es darf nicht verwechselt werden mit dem Begriff Adverbiale, der ein Satzglied bezeichnet. Das Adverb gehört zu den nicht flektierbaren Wortarten; man nennt es auch Umstandswort. 142

Er kam **gestern** an.	aber: der **gestrige** Tag
Er fuhr **rückwärts**.	das **rückwärtige** Gebäude
Adverb	Adjektiv

Inhaltliche Bestimmung

Er wohnt **hier**.	Wo?	Lokaladverb	143
Stelle die Vase **dorthin**!	Wohin?	**(Umstandswort des Ortes oder**	
Sie kommen (von) **überallher**.	Woher?	**der Richtung)**	

Weitere Beispiele: da, dort, oben, unten, drinnen, nirgends, links, rechts, unterwegs, allenthalben, dorthin, irgendwohin, heim, weg, hinein, vorwärts, hinauf, herab, daher, dorther, irgendwoher

Ich schreibe ihm **sofort**.	Wann?	Temporaladverb	144
Seither habe ich ihn nicht mehr gesehen.	Seit wann?	**(Umstandswort der Zeit)**	
Ich bin **immer** für euch da.	Wie lange?		
Wir sehen ihn **bisweilen**.	Wie oft?		

Weitere Beispiele: jetzt, heute, morgen, einst, abends, danach, ehemals, unlängst, seitdem, von alters her, bisher, bislang, noch, einstweilen, zeitlebens, allezeit, vorerst, zunächst, oft, öfters, manchmal, stets, nie

145	Wir halfen ihm **gern**. Ich danke ihnen **sehr**. Die Frage war **kaum** zu lösen.	Wie?	Modaladverb **(Umstandswort der Art und Weise)**

Weitere Beispiele: beinahe, leider, nur, fast, durchaus, nicht, ebenfalls, allzu, teilweise, sogar, zusammen, genug, überaus, etwas, sonst, freilich

146	Es regnete; **deshalb** blieben wir zu Hause.	Warum?	Kausaladverb **(Umstandswort des Grundes)**
	Der Zug kam etwas später an; **dadurch** hat sich unsere Ankunft verzögert.	Wodurch?	
	Ich brauche **hierfür** deine Hilfe.	Wozu?	

Weitere Beispiele: darum, deswegen, daher, folglich, freilich, also, trotzdem, dennoch, hierdurch, damit, somit, dazu, darum, hierzu

☞ Adverbiale, 179–189; Satzglied, 164/192; Adjektiv, 52–67

52 Adverb oder Adjektiv?
In der *gestrigen* Zeitung stand noch nichts über die Hungerkatastrophe. – Vielleicht steht *heute* etwas drin. – Es ist möglich, dass der Bericht *gestern* zu spät in die Redaktion gekommen ist. – In der *heutigen* Zeit ist die Bekämpfung des Hungers in der Welt eines der brennendsten Probleme. – Die *bisherigen* Anstrengungen reichen nicht aus. – Man hat sich *bisher* zu wenig um das Problem gekümmert. – *Sofortige* Maßnahmen sind nötig. – Man muss *sofort* handeln.

53 Wie fragst du nach den einzelnen Adverbien?
Der Koala schläft *nachts* auf den Bäumen. – *Dort oben* fühlt er sich sicher. – *Tagsüber* liegt er oft *stundenlang* regungslos auf einem Ast. – *Gestern* habe ich im Zoo einige Koalas gesehen. – *Vorher* kannte ich sie *nur* aus Tierbüchern. – Sie scheinen *gern* mit Kindern zu spielen. – *Deshalb* sind sie so beliebt.

Verwendung im Satz 147

Ich denke **oft** an ihn.	als **Adverbiale** (Satzglied)
Ich erinnere mich noch sehr gut **daran**.	als **Präpositionalobjekt** (Satzglied)
	als **Attribut** (Satzgliedteil)
Das Fahrrad **dort** gehört mir.	– bei einem Nomen
Es war ein **sehr** anstrengender Tag.	– bei einem Adjektiv
Er war **fast** immer dabei.	– bei einem Adverb
Wozu soll das gut sein? Ich weiß nicht, **warum** er fehlt.	als Einleitewort zu einem **Fragesatz** (Adverbiale)
Ich kenne eine Stelle im Wald, **wo** Steinpilze wachsen.	als Einleitewort zu einem **Relativsatz** (Adverbiale)

☞ Adverbiale, 179–189; Präpositionalobjekt, 178; Attribut, 194–198; Fragesatz, 203–205; Relativsatz, 218

Komparation (Vergleichsstufen) des Adverbs 148

Nur wenige Adverbien bilden Vergleichsstufen.

Positiv **(Grundstufe)**	*Komparativ* **(Vergleichsstufe)**	*Superlativ* **(Höchststufe)**
wohl	besser (wohler)	am besten (am wohlsten)
sehr	mehr	am meisten (meist, meistens)
gern	lieber	am liebsten
bald	eher	am ehesten (ehestens, baldigst)
oft	öfter (öfters)	am öftesten (am häufigsten)

149 Pronominaladverb

Ich habe **über deinen Vorschlag** nachgedacht. — Ich habe **darüber** nachgedacht.

Das Pronominaladverb kann in einem gegebenen Sinnzusammenhang, der bekannt ist, für einen anderen präpositionalen Ausdruck stehen. Es vertritt einen anderen Ausdruck, auf den es sich bezieht, ähnlich dem Pronomen.

Das Pronominaladverb kann sich beziehen:

Über diesen Punkt müssen wir noch sprechen. – **Darüber** müssen wir noch sprechen.
– **auf ein Nomen** (Satzglied)

Die Mauer unter dem Vorbau hat Risse. – Die Mauer **darunter** hat Risse.
(Attribut)

Er kam einen Tag früher. **Damit** hatten wir nicht gerechnet.
– **auf einen Satz**

Um mir dies zu sagen(,) hättest du nicht zu kommen brauchen. – **Dafür** hättest du nicht zu kommen brauchen.
– **auf einen satzwertigen Infintiv**

Zur Zeichensetzung siehe Nr. 225.

Beachte:

Wir haben über deinen Plan gesprochen. – Wir haben **darüber** gesprochen.

aber: Wir haben uns über den Klassensprecher unterhalten. – Wir haben uns **über ihn** unterhalten.

Wenn sich ein präpositonaler Ausdruck auf eine Person bezieht, dann kann er nicht durch ein Pronominaladverb ersetzt werden.

Das Pronominaladverb wird aus einem Adverb und einer Präposition gebildet:

	an	: daran, woran, hieran
	auf	: darauf, worauf, hierauf
da(r)	aus	: daraus, woraus, hieraus
hier +	bei	: dabei, wobei, hierbei
wo(r)	durch	: dadurch, wodurch, hierdurch
	für	: dafür, wofür, hierfür
	gegen	: dagegen, wogegen, hiergegen
	in	: darin, worin, hierin

☞ Pronomen, 43–50; Präposition, 151–155; Nomen, 30/40; Satzglied, 164/192; Attribut, 194/198; satzwertiger Infinitiv, 222/223

Bildung von Adverbien 150

Einfache Adverbien

gern, oft, sehr, sonst, bald, jetzt, nie, nicht, oben, nur, kaum

Aus anderen Wortarten (mit Endung -s)

abends, anfangs, eilends, bereits, höchstens, spätestens, blindlings, öfters

Zusammengesetzte Adverbien

daher, hierher, dorthin, hinweg, immerfort	Adverb + Adverb
davon, hierüber, dazwischen, wodurch, woran	Adverb + Präposition
nebenan, gegenüber, überaus	Präposition + Präposition
seitdem, unterdessen, deswegen, beieinander	Präposition + Pronomen
tagsüber, bergab, beizeiten	Präposition + Nomen
keinesfalls, zeitlebens, allerorts, allenfalls, einstmals, neuerdings	Zusammensetzung mit Endung -s
allenthalben, einstweilen, rundweg, jederzeit, allezeit, möglicherweise	Erstarrte Wendungen

151 Präposition

(die Präposition, Plural: Präpositionen, lat.: *praeponere,* voranstellen)

Präpositionen werden immer in Verbindung mit einem anderenWort (Nomen, Pronomen) gebraucht, dessen Kasus sie bestimmen; sie bezeichnen das Verhältnis der Dinge zueinander.

Ich kümmere mich **um** die Fahrkarten	Verhältnis zu einem Verb
Die Sorge **um** die Kinder bestimmte ihr Leben.	Verhältnis zu einem Nomen
Sie waren **auf** ihn eifersüchtig.	Verhältnis zu einem Adjektiv

Präpositionalgefüge haben mehrere Bestandteile aus verschiedenen Wortarten; sie werden teils zusammen-, teils getrennt geschrieben.

Anstatt des Chefs kam sein Stellvertreter. Ihm **zuliebe** blieb sie zu Hause.	Zusammenschreibung, weil die Wortart oder Bedeutung der einzelnen Bestandteile nicht mehr deutlich erkennbar ist. **Ebenso:** anhand, infolge, inmitten, zufolge usw.
Das Boot wurde **mithilfe** / **mit Hilfe** eines Krans geborgen.	Zusammen- und Getrenntschreibung möglich; die Wortart der einzelnen Bestandteile ist noch deutlich erkennbar. **Ebenso:** anstelle / an Stelle, aufgrund / auf Grund, vonseiten /von Seiten, zugunsten/zu Gunsten usw.

152 Inhaltliche Bestimmung

Die Präpositionen kennzeichnen die Art, wie einzelne Teile der Aussage sich aufeinander beziehen.

Der Garten liegt **hinter** dem Haus.	Ort (lokal)
Seit zwei Wochen warte ich auf deine Antwort.	Zeit (temporal)
Das geschah **ohne** unsere Zustimmung.	Art und Weise (modal)
Dank deiner Hilfe sind wir rechtzeitig fertig geworden.	Grund (kausal)

Kasus bei den Präpositionen 153

Präpositionen mit dem Genitiv

Kraft seines Amtes schloss er die Verhandlung.

Ebenso: abseits, angesichts, anhand, aufgrund (auf Grund), außerhalb, diesseits, infolge, innerhalb, oberhalb, unterhalb, zwecks

Bei den Präpositionen *wegen, trotz* und *während* ist neben dem Genitiv auch der Dativ zulässig.

Präpositionen mit dem Dativ

Er kam eilends aus dem Haus.

Ebenso: außer, bei, entsprechend, entgegen, gegenüber, gemäß, mit, nach, nebst, samt, seit, von, zu

Präpositionen mit dem Akkusativ

Der Weg führt durch einen Park.

Ebenso: bis, für, gegen, ohne, um, wider

Präpositionen mit dem Akkusativ oder Dativ

Wir gehen vor das Haus.	Wohin?	Akkusativ
Wir stehen vor dem Haus.	Wo?	Dativ

Ebenso: an, hinter, in, neben, über, unter, vor, zwischen

154 Stellung der Präpositionen

Wir wohnen in München. Ich komme zu dir. Wir fahren mit dem Zug.	Die meisten Präpositionen stehen vor dem Wort, dessen Kasus sie bestimmen.
Wegen dieser Sache müssen wir noch miteinander reden. Dieser Sache wegen müssen wir noch miteinander reden.	Einige Präpositionen können voran- oder nachgestellt werden. Zu ihnen gehören: entgegen, entlang, gegenüber, gemäß, nach, unbeschadet, ungeachtet.
Die Straße entlang/entlang der Straße standen Bäume. Deinem Rat zufolge/zufolge deines Rates haben wir den Plan geändert.	Je nach Voran- oder Nachstellung ändert sich bei „entlang“ und „zufolge“ der Kasus.
Des Spaßes halber/spaßeshalber tauschten sie die Kleider aus.	Die Präpositionen „halber“ und „zuwider“ werden nachgestellt.
Um des lieben Friedens willen stimmte sie zu. Ich war von Anfang an dagegen.	Bei zweiteiligen Präpositionen steht das Nomen oder Pronomen zwischen beiden Teilen.

155 Verschmelzung mit dem Artikel

Er stand **am** Tor.	**an dem** Tor
Sie kamen **zur** Brücke.	**zu der** Brücke
Er redete ihm **ins** Gewissen.	**in das** Gewissen
Sie steckte sich den Brief **hintern** Spiegel,	**hinter den** Spiegel
Sie streiften **durchs** Gebüsch.	**durch das** Gebüsch

Wenn die Artikelformen „dem“, „den“, „das“ und „der“ nicht besonders betont sind oder es sich um eine Redewendung handelt, können einzelne Präpositionen (an, auf, bei, durch, für, hinter, über, um, unter, von, zu) mit dem Artikel verschmelzen.

54 Bestimme den Inhalt der Präposition und den Kasus, den sie regiert:

Die Wissenschaftler nehmen an, dass die Vorfahren des Koalas und anderer Beuteltiere **vor** Jahrmillionen **über** Landbrücken **nach** Australien gelangt sind. Diese Landbrücken wurden dann allmählich **vom** Meer bedeckt und sind heute nicht mehr vorhanden. **In** dem verlassenen Land konnten sich die Tiere, unbehelligt **von** großen Fleischfressern, langsam **zu** Wühlern, Kletterern, Hüpfern und sogar Gleitfliegern entwickeln und sich **über** den ganzen Kontinent ausbreiten. Als Australien die Verbindung **zur** übrigen Landmasse vollständig verlor, waren diese Tiere **von** der restlichen Welt abgeschnitten. Und da das Land **in** jenen früheren Zeiten häufig **unter** Wasser stand, lernte der Koala bald **auf** Bäumen zu leben.

Konjunktion

156

(die Konjunktion, Plural: Konjunktionen, lat.: *coniungere,* verbinden, verknüpfen)

Inge, Marion *und* Karin sind Freundinnen. Sie wohnen in der gleichen Straße, *aber* jede geht in eine andere Schule. Sie treffen sich jedoch regelmäßig in der Gruppenstunde *oder* beim Völkerballspiel.

Nebenordnende Konjunktionen verbinden gleichrangige
Wörter,
Sätze,
Wortgruppen.

Sie hatte Fieber; *deshalb* konnte sie nicht spielen.

Auch **Adverbien** können die Aufgabe von nebenordnenden Konjunktionen übernehmen.

Gewöhnlich spielen sie auf dem Sportplatz. *Wenn* es aber regnet, dürfen sie in die Halle. Seit einigen Wochen trainieren sie besonders fleißig, *weil* demnächst die Gruppenmeisterschaft im Völkerball ausgetragen wird.

Unterordnende Konjunktionen verbinden Gliedsätze mit dem übergeordneten Satz (Hauptsatz); sie heißen auch Subjunktionen (lat.: *subjungere,* unterordnen).

Beachte:

Vor unterordnenden Konjunktionen innerhalb eines Satzgefüges steht ein Komma: Wir blieben zu Hause, weil es regnete.

Vor nebenordnenden Konjunktionen steht nur dann ein Komma, wenn sie eine Entgegensetzung bedeuten:

Es war ein kühler, aber sonniger Tag.
Ich meine nicht ihn, sondern dich.

aber, doch, jedoch, sondern
(ebenso: nicht nur . . ., sondern auch)

Vor Adverbien in der Funktion einer nebenordnenden Konjunktion steht ein Komma oder ein Strichpunkt (Semikolon):

Es regnete, also blieben wir zu Hause.
Sie hatte gewonnen; trotzdem war sie mit ihrer Leistung nicht zufrieden.

daher, darum, dennoch, deshalb, ebenso, folglich, insofern, vielmehr

Vor nebenordnenden Konjunktionen, die eine Reihung, Aufzählung oder Zusammenfassung bedeuten, steht kein Komma:

Er ging und versprach bald wiederzukommen.
Ich habe weder Inge noch Franz gesehen.

und, oder, sowie, bzw., sowohl ... als (auch), entweder ... oder, weder ... noch

Aber:

Sie putzte ihre Schuhe(,) und ihre Schwester schaute zu.
Wir spielen in der Halle(,) oder im Freien ist ein Platz reserviert.

Ein Komma kann auch vor *und, oder* usw. stehen, wenn die Gliederung des Satzes deutlich gemacht werden soll.

☞ Hauptsatz, 22; Gliedsatz, 227–242; Adverb 142–150

157 Nebenordnende Konjunktionen

Sie gehen **und** kommen. Er war **sowohl** in London **als** auch in Paris.	**kopulativ** – anreihend	und, auch, sowie, weder – noch, außerdem, sowohl – als auch
Entweder spielt er Fußball **oder** er ist im Schwimmbad.	**disjunktiv** – ausschließend	oder, sonst, andernfalls, entweder – oder
Er macht Fortschritte, **aber** er muss noch fleißig üben.	**adversativ** – entgegensetzend	aber, allein, jedoch, nur, sondern, dagegen, dennoch, doch, trotzdem
Er kommt nicht, **denn** er ist krank.	**kausal** – begründend	denn, darum, deshalb, also, nämlich
Du spielst besser **als** ich.	**modal** – Art und Weise bezeichnend	so – wie, desto, um so, je – desto, als (nach Komparativ)

Unterordnende Konjunktionen

158

	temporal – zeitlich	
Während er schlief, wur-	– gleichzeitig	indem, seitdem, solange, sobald, sooft, während
Nachdem die Vorstellung begonnen hatte, wurde der Saal geschlossen.	– vorzeitig	als, sobald, seit, seitdem, nachdem
Noch **ehe** ich ihn fragen konnte, war er schon weggegangen.	– nachzeitig	bis, bevor, ehe
Es regnete, **als ob** es kein Ende mehr nehmen wollte. Er löschte das Feuer, **indem** er Wasser darüber goss.	**modal** – Art und Weise und das Mittel bezeichnend	indem, ohne dass, statt dass, dadurch dass, als wenn, als ob
Wir stimmten ihm zu, **weil** er Recht hatte.	**kausal** – begründend	da, zumal, weil
Es dröhnte, **dass** uns die Ohren schmerz-ten.	**konsekutiv** – folgend	sodass (auch: so dass), als dass
Falls ich Zeit habe, werde ich kommen.	**konditional** – bedingend	wenn, sofern, im Falle dass, falls
Obwohl er müde war, kam er sofort.	**konzessiv** – einräumend	obgleich, obschon wenn auch, obwohl
Während Franz sich freute, war Erwin traurig.	**adversativ** – entgegensetzend	wohingegen
Ich helfe dir, **damit** du endlich fertig wirst.	**final** – die Absicht bezeichnend	damit

Ich weiß, **dass** es stimmt. Ich weiß nicht, **ob** es stimmt.	Diese beiden Konjunktionen sind schwer einzuordnen. Sie kennzeichnen meistens nur die Abhängigkeit des untergeordneten Satzes.	dass, ob

55 Bestimme jeweils, ob es sich um eine nebenordnende oder unterordnende Konjunktion handelt:

Obwohl in vielen Teilen der Welt die Menschen hungern und Dürrekatastrophen ganze Landstriche entvölkern, kann man immer wieder lesen, dass Nahrungsmittel vernichtet werden. Man spricht von Preisstabilität und Preisverfall. Das hört sich sehr gut an, aber in Wirklichkeit bedeutet es, dass Lebensmittel nur deshalb vernichtet werden, weil sie unter dem gewünschten Preis verkauft werden müssten. Deshalb lässt man das Gemüse lieber auf Halden verfaulen und zahlt Prämien dafür, dass die Anbaufläche oder der Viehbestand verringert wird. Zwar stimmt es, dass leicht verderbliche Nahrungsmittel nur in verarbeiteter Form oder in Kühlschiffen über größere Entfernungen transportiert werden können – dies gilt aber weder für Getreide noch für viele andere Grundnahrungsmittel. Und trotzdem werden immer wieder Lebensmittel, die im eigenen Land nicht benötigt werden oder billig abgegeben werden müssten, zu Viehfutter verarbeitet oder einfach vernichtet. Und dies, während Menschen in anderen Ländern hungern.

56 Benenne die Beziehungen, die durch die Konjunktionen ausgedrückt sind:

Andere Fischer sind mit reicher Beute heimgekommen; Santiago **jedoch** hat nichts gefangen.

Während andere Fischer mit reicher Beute heimgekommen sind, hat Santiago nichts gefangen.

Die Haie haben den Fisch gefressen; **trotzdem** verlor Santiago nicht den Mut.

Obwohl die Haie den Fisch gefressen hatten, verlor Santiago nicht den Mut.

Von dem Erlös des Fisches hätte er monatelang leben können, **aber** die Haie hatten den Fisch angefallen.

Wenn er den Fisch sicher heimgebracht hätte, hätte er monatelang von dem Erlös leben können.

Santiago hatte an der Küste kein Glück, **deshalb** fuhr er weiter hinaus.

Santiago fuhr, **weil** er an der Küste kein Glück hatte, aufs offene Meer hinaus.
Er vertäute die Beute, **damit** sie nicht abgetrieben wurde.
Als das Duell zu Ende war, vertäute er den Fisch längsseits.
Solange ich die Kraft dazu habe, werde ich aufs Meer hinausfahren.

Interjektion

159

(die Interjektion, lat.: *intericere*, dazwischenwerfen)

Empfindungen können durch Interjektionen (Ausrufewörter) ausgedrückt werden. Interjektionen sind nicht veränderlich. Sie können für sich allein stehen oder einem Satz vorangestellt werden.

Schmerz	Au! Auweh! Oh!
Freude	Ah! Hei! Juchhe! Hurra!
Erstaunen	Aha! Hoppla! Uff! Hoho!
Ekel	Brr! Bäh! Pfui!
Furcht	Hu! Huhu! Uh!
Nachdenken, Zweifel	Hm! Na, na!
Spott	Ätsch! Hehehe!
Anruf	Heda! Hallo!
Aufforderung zur Ruhe	Pst! Pscht! Ssst!
Nachahmung menschlicher Laute	Haha! Hähä! Hihi!
Nachahmung tierischer Laute	Muh! Mäh! Miau!
Nachahmung von Musik	Tätärätätä! Dideldumdei!
vor einem Fragesatz	Hm! Was soll ich jetzt tun?
vor einem Aussagesatz	Ah! Da bist du ja.
vor einem Wunschsatz	Ach, wäre ich doch bei dir!
vor einem Ausrufesatz	Ach, lass mir doch meine Ruhe!

☞ Partikeln, 28

Satzlehre (Syntax)

(die Syntax, griech.: Zusammenordnung, Lehre vom Satzbau)

160 Text

Zwei Wildhüter des Nationalparks Bayerischer Wald berichteten kürzlich in der lokalen Presse von einem ungewöhnlichen Kampf. Hirsche lassen sich ihr Fell nicht ohne weiteres über die Ohren ziehen. Diese schmerzhafte Erfahrung kostete einen wild lebenden Luchs beinahe das Leben. Der Luchs war in eines der Wintergatter eingedrungen. Dort werden 50 Stück Rotwild den Winter über gefüttert. Er sprang einen Hirsch an. Doch dieser konnte ihn mit dem Geweih erfolgreich abwehren. Mit klaffenden Wunden setzte sich der schwer verwundete Luchs ins Dickicht ab. Seitdem wurde seine Fährte nicht mehr ausgemacht.

Ein Text ist ein abgeschlossener Sinnzusammenhang. Er besteht aus Sätzen, die den Text gliedern. Beim Sprechen wird die Gliederung durch die Tonführung (Intonation) und durch Pausen im Redefluss angezeigt, beim geschriebenen Text durch Satzzeichen. In einem Text stehen die Sätze nicht für sich allein; sie sind aufeinander bezogen: Sie stehen in einem größeren Zusammenhang (Kontext).

Beispiel:
In der hier abgedruckten Nachricht bezieht sich die Aussage „Diese schmerzhafte Erfahrung . . .“ auf den Inhalt des vorausgehenden Satzes, ebenso die Zeitangabe. „Seitdem . . .“ im letzten Satz auf die Mitteilung im vorletzten Satz.

☞ Intonation, 7; Kontext, 161

Kontext 161

(der Kontext, lat.: Gewebe, Zusammenhang)

„Kennst du die beiden?“
„Natürlich.“
„Wann soll das denn passiert sein?“
„Vor vierzehn Tagen.“

Das Gespräch bezieht sich auf den Zeitungsbericht, der beiden Sprechern bekannt ist. Deshalb brauchen sie nicht alle Einzelheiten zu wiederholen, sie können sich mit Hinweisen begnügen. Der Sinnzusammenhang ergibt sich aus der **Redesituation,** aus dem Kontext. Deshalb können die Sätze unvollständig sein.

Er hatte vor Jahren einen schweren Unfall.
Auch nach Jahren musste er immer wieder **daran** denken.

Wenn sich der Kontext aus dem Text erschließen lässt, dann spricht man von einem **textinternen Kontext.**
(textintern: innerhalb des Textes)

„Darf **ich** bitte jetzt gehen?“
„Ja, für heute erlaube **ich** es **dir**.“

Wenn zum richtigen Erfassen des Kontextes auch Informationen gehören, die im Text selbst nicht stehen (z. B. dass hier der Sohn mit seinem Vater redet), dann spricht man von einem **textexternen Kontext.**
(textextern: außerhalb des Textes)

57 Wie kommt es zu den lustigen Missverständnissen?
„Mich weckt jeden Morgen ein Hahn.“ – „Neue Dichtung einsetzen!“
„Ich habe Platzangst.“ – „Iss weniger!“
„Meine Bank haben sie gesprengt.“ – „Bist du nass geworden?“

Der ausgestaltete Satz 162

„Wo sprang er den Hirsch an?“
„Im Wintergatter.“

Bei der Untersuchung der Satzstruktur muss von einem ausgestalteten, d. h. vollständigen Satz ausgegangen werden. Nur so kann der Aufbau eines Satzes hinreichend beschrieben werden.

„Der Luchs sprang den Hirsch im Wintergatter an.“

Die Beschreibung der Satzglieder und Satzgliedteile geht in dieser Grammatik von der **Struktur des Aussagesatzes** aus.

☞ Satzglieder, 164/192; Satzgliedteile, 194/198; Aussagesatz, 202

163 Grammatische und inhaltliche Vollständigkeit

Giftstoffe verursachten Fischsterben.

Dieser Satz ist grammatisch vollständig, d. h. er kann nicht weiter verkürzt werden, ohne unvollständig zu werden. Das Verb bestimmt, welche Teile für ihn unerlässlich sind:
Wer verursachte etwas?
Wen oder was haben sie verursacht?

Fischsterben in der Donau
Wien (eigener Bericht)

Noch unbekannte **Giftstoffe**, die ein bisher nicht identifizierter Industriebetrieb bei Krems in die Donau geleitet hatte, **verursachten** auf fast 100 Kilometer Länge ein großes **Fischsterben**. Bis in die Gegend von Orth, östlich von Wien, trieben zentnerweise tote Fische im Fluss und an den Ufern. Durch eine Analyse der Giftstoffe versuchen jetzt die Behörden dem schuldigen Betrieb auf die Spur zu kommen.

Der Satz im Zeitungsbericht ist zwar ausführlicher und genauer **(inhaltliche Vollständigkeit)**, aber er hat die gleiche Grundstruktur wie der Satz oben. Er ist nur durch weitere Informationen erweitert. Es ist zu unterscheiden zwischen Teilen, die für die **grammatische Vollständigkeit** des Satzes unerlässlich sind, und Teilen, die weitere Einzelheiten **(inhaltliche Vollständigkeit)** angeben.

58 Ergänze die grammatisch unvollständigen Sätze:
Ich hänge meine Jacke. – Das Bild hängt an der Wand. – Die Entscheidung hängt ab. – Er hängt den Anhänger ab. – Sie führten ein langes Gespräch. – Der Weg führte. – Dies würde führen. – Sie legten Karten. – Er legt auf den Tisch. – Ich lege das Buch.

59 Beschreibe den inhaltlichen Unterschied:
Ich gebe einen Brief auf. – Er hat die Hoffnung noch nicht aufgegeben. – Heute hat uns der Lehrer nichts aufgegeben. – Er hob sich die Briefmarke auf. – Ich hob die Briefmarke vom Boden auf. – Das Halteverbot wurde wieder aufgehoben.

Satzglieder

164

Vor kurzem stieß ein Bautrupp bei Ausschachtungsarbeiten auf einen mittelalterlichen Stollen.

Auf Wunsch der Stadtverwaltung unterbrach die Firma für einige Tage die Arbeiten.

Die Wörter in einem Satz sind nicht willkürlich angeordnet. Die Reihenfolge – „Vor stieß kurzem Bautrupp ein" – ergibt keinen Sinn. Sätze haben eine Struktur; sie haben **Satzglieder,** die aus einem einzelnen Wort oder aus Wortgruppen bestehen können.

Satzglieder lassen sich durch die Verschiebeprobe oder durch die Ersatzprobe ermitteln.

Vor kurzem / stieß / ein Bautrupp / bei Ausschachtungsarbeiten / auf einen mittelalterlichen Stollen.

Ein Bautrupp / stieß / vor kurzem / bei Ausschachtungsarbeiten / auf einen mittelalterlichen Stollen.

Bei Ausschachtungsarbeiten / stieß / vor kurzem / ein Bautrupp / auf einen mittelalterlichen Stollen.

Bei der **Verschiebeprobe** zeigt sich, dass nicht die Wörter, sondern die Satzglieder, die aus einem oder mehreren Wörtern bestehen können, die kleinsten Bestandteile des Satzes sind. Satzglieder sind Wörter oder Wortgruppen, die im Satz verschoben werden können, ohne dass der Satz sinnlos wird. Wörter oder Wortgruppen, die nicht allein verschoben werden können, sind keine Satzglieder, sondern Teile von Satzgliedern.

Ein Bautrupp / stieß / auf einen Stollen.
Er / stieß / auf einen Stollen.

Die Firma / unterbrach / **die Arbeiten.**
Franz / unterbrach / **seine Ferien.**

Bei der **Ersatzprobe** wird das Wort oder die Wortgruppe, die das Satzglied bildet, durch ein anderes Wort oder eine andere Wortgruppe ersetzt, ohne dass sich die **Struktur des Satzes** ändert. Die Struktur des Satzes wird durch das Verb bestimmt; deshalb müssen bei der Ersatzprobe die neuen Wörter oder Wortgruppen sich sinnvoll mit dem Verb verbinden lassen.

60 Stelle die Sätze um und trenne die Satzglieder durch Schrägstriche voneinander ab:
Wir klopfen die Teppiche heute im Hof. – Für jeden gesäuberten Teppich bekommen wir von unseren Eltern fünf Mark Arbeitsgeld.
Der Wildhüter wartete am nächsten Morgen vergeblich auf den Luchs. – Später erzählte er die ganze Geschichte einem Reporter.

61 Warum sind folgende Ausdrücke jeweils nur *ein* Satzglied?
- vor einem kleinen Kreis geladener Gäste
- auf die traditionellen Bindungen zwischen beiden Ländern
- unter dem Beifall der Anwesenden

165 Prädikat

(das Prädikat, lat.: das Ausgerufene, die Aussage)

Der Hund **bellt**.
Der Kirschbaum **blüht**.

Ich **schreibe** einen Brief.
Sie **rief** ihn beim Namen.

Ich / **gehe** / heute in den Garten.
Heute / **gehe** / ich in den Garten.
In den Garten / **gehe** / ich heute nicht.

Jeder Satz hat ein Prädikat. Es ist das wichtigste Satzglied; denn von ihm hängt der Aufbau des Satzes ab. Das einteilige Prädikat besteht aus der **Personalform des Verbs.**

Im Unterschied zu den anderen Satzgliedern kann das Prädikat **nicht verschoben werden.** Im Aussagesatz nimmt es die zweite Position ein.

☞ Personalform, 100

166 Merkmale des Prädikats

Das Prädikat wird durch fünf Merkmale bestimmt. Diese Merkmale sind Bestandteile der Konjugation.

Ich schreibe dir einen Brief.
Du schreibst mir nur selten.

– **Person:** 1., 2., 3. Person

Er liest die Zeitung.
Sie lesen täglich die Zeitung.

– **Numerus:** Singular und Plural

Das Spiel beginnt.
Das Spiel wird beginnen.
Das Spiel hat bereits begonnen.

– **Tempus:** Präsens, Präteritum, Perfekt, Plusquamperfekt, Futur I, Futur II

Sie singt im Chor.
Sie singe im Chor.
Sie sänge auch im Schulchor, wenn sie mehr Zeit hätte.
Bring mir bitte die Noten!

– **Modus:** Indikativ, Konjunktiv I + II, Imperativ

Tom streicht den Zaun.
Der Zaun wird gestrichen.
Der Zaun ist gestrichen.

– **Genus des Verbs:** Aktiv, Passiv (Vorgangspassiv, Zustandspassiv)

Beachte:
Die Rose welkt.
Die Rosen welken.

Das Prädikat muss in Person und Numerus mit dem Subjekt des Satzes übereinstimmen.

☞ Verb, 69–127; Subjekt, 171/173

Einfaches und zusammengesetztes Prädikat 167

Der Hund **bellt**.
Der Hund **hat gebellt**.
Ich **habe** es ihm nicht **sagen können**.

> Das Prädikat kann einteilig (einfaches Prädikat) oder mehrteilig (zusammengesetztes Prädikat) sein.

Die Klasse **schreibt** eine Rechenarbeit.

> Das einfache Prädikat besteht aus der Personalform des Verbs.

Das **kann** ich dir nicht **sagen**.
Ich **habe** es ihm **gesagt**.
Wir **kaufen** im Supermarkt **ein**.

Der Redner
hat deutlich **gesprochen**.

↓ finiter Prädikatsteil (Personalform)

↓ infiniter Prädikatsteil

> Das mehrteilige Prädikat besteht:
> – aus der Personalform des Verbs. Sie ist der **finite** (bestimmte) **Prädikatsteil**, weil sie durch die Angabe zur Person bestimmt ist.
> – aus einem oder mehreren Prädikatsteilen, die nicht durch die Angabe zur Person bestimmt sind. Sie heißen daher **infinite** (unbestimmte) **Prädikatsteile**.

☞ Personalform, 100

168 Infinite Prädikatsteile

	Infinite Prädikatsteile können sein:
Er wird bald **kommen**.	– **Infinitive** zusammengesetzte Zeit (Hilfsverb + Vollverb)
Er kann heute nicht **kommen**. Er möchte gern **kommen**.	modale Aussageweise (Modalverb + Vollverb)
Du brauchst nicht **zu kommen**.	(Hilfsverb + Vollverb; Infinitiv mit „zu“)
Ich habe das Buch **gelesen**.	– **Partizip II** zusammengesetzte Zeit (Hilfsverb + Vollverb)
Der Verkehr wird **umgeleitet**.	Vorgangspassiv (Hilfsverb + Vollverb)
Das Museum ist heute **geschlossen**.	Zustandspassiv (Hilfsverb + Vollverb)
Sie las mir den Text **vor**. Wir kamen gerade aus den Ferien **zurück**.	– **Präfixe trennbarer Vollverben** **vor**lesen – ich lese vor **zurück**kommen – ich komme zurück
	– **freie Verbzusätze** Sie sind mit den Präfixen der trennbaren Vollverben vergleichbar.
Der Damm hielt **stand**.	**stand**halten
Die Uhr steht **still**.	**still**stehen
Wir fahren gerne **Rad**.	**Rad** fahren
Sie gaben sich damit **zufrieden**.	sich **zufrieden** geben
Sie führten die Arbeit **zu Ende**.	**zu Ende** führen
Hier geht nichts **verloren**.	**verloren** gehen
Sie lernten sich im Urlaub **kennen**.	**kennen** lernen

☞ modale Aussageweise, 72; Passiv, 103/04; trennbare Vollverben, 82; Präfix, 11; Verbgefüge, 141; Funktionsverben, 141

Infinitiv für Partizip II 169

Er wollte es ihm sagen, aber er hat es einfach nicht **gekonnt**.
Er hat es ihm einfach nicht sagen **können**.

Bei Modalverben in Verbindung mit einem weiteren Verb wird das Partizip II durch einen Infinitiv ersetzt.

Ich habe **gesehen**, wie er kam.
Ich habe ihn kommen **sehen**.
Niemand hat ihn klopfen **hören**.

Dies gilt auch für Verben der Wahrnehmung, wenn sie mit einem weiteren Verb verbunden sind.

Ebenso:
Ich habe ihn kommen **lassen**.
Sie hat mich kommen **heißen**.

Aber (im Passiv):
Der Plan wurde fallen **gelassen**.

62 Setze die Beispiele ins Perfekt und bestimme die Prädikatsteile:
Ein Luchs drang in das Gatter ein.– Der Hirsch verjagte den Angreifer. – Der Luchs kam nicht mehr zurück. – Die Blutspur konnte man bis tief in den Wald verfolgen.

63 Nenne die infiniten Prädikatsteile:
Die Arbeiten wurden bis auf weiteres eingestellt. – Die Firma wartet zunächst das Ergebnis der Untersuchungen ab. – Man will im Stadtarchiv in alten Plänen nachsehen. – Die Nachforschungen werden noch einige Zeit dauern. Bis dahin stehen die Bagger still.

Stellung der Prädikatsteile im Aussagesatz 170

Im Aussagesatz steht der finite Prädikatsteil an der zweiten Stelle, der infinite Prädikatsteil am Schluss des Satzes; die Prädikatsteile bilden eine Klammer.

Die Wissenschaftler / **müssen** / in mühevoller Kleinarbeit / den Modellversuch / **aufbauen**.

In mühevoller Kleinarbeit / **haben** / die Wissenschaftler / den Modellversuch / **aufgebaut**.

Diesen Modellversuch / **bauen** / die Wissenschaftler / in mühevoller Kleinarbeit / **auf**.

Der Modellversuch **wurde** / von den Wissenschaftlern / **aufgebaut.**

↓	↓
finiter Prädikatsteil (Personalform)	infiniter Prädikatsteil

☞ Prädikatsteile, 167–168

171 Subjekt

(das Subjekt, lat.: das Daruntergelegte)

Die Blätter fallen. **Die Sonne** scheint. **Der Polizei** regelt den Verkehr.	Das Subjekt ist der **Gegenstand des Satzes,** über den das Prädikat etwas aussagt. Es steht im Nominativ.
Franz kommt mit. **Die Sache** gefällt mir nicht.	Wer kommt mit? Was gefällt dir nicht?
Ich lese. **Du** schreibst.	Das Subjekt stimmt in – **Person** (1., 2., 3. Person) und
Das Kind spielt auf der Wiese. **Die Kinder** spielen auf der Wiese.	– **Numerus** (Singular, Plural)
Du verteidigst links und **du** verteidigst rechts. **Ihr beide** übernehmt die Verteidigung.	mit dem Prädikat überein.

☞ Prädikat, 165/170

Wortarten im Subjekt 172

	Das Subjekt kann aus folgenden Wortarten bestehen:
Der Redner tritt an das Pult. **Der Wasserhahn** tropft. **Die Mühe** hat sich gelohnt.	– aus einem Nomen
Er schweigt sich aus. **Niemand** hat angerufen.	– aus einem Pronomen
Einige haben ihren Stimmzettel nicht richtig ausgefüllt.	– aus einem Numerale
Wichtiges fehlt noch.	– aus einem Adjektiv
Das Heute ist entscheidend. **Das Für und Wider** muss genau abgewogen werden. **Das ständige Wenn und Aber** bringt uns nicht weiter.	– aus der substantivierten Form eines Adverbs, einer Präposition oder einer Konjunktion
Irren ist menschlich. **Die Wahrheit zu sagen** fällt manchmal schwer. **Aufgeschoben** ist nicht aufgehoben.	– aus einer infiniten Verbform

☞ Nomen, 30/40; Pronomen, 43/50; Numerale, 51; Adjektiv, 52/68; Substantivierung, 13, 41; Adverb, 142–150; Präposition, 151/155; Konjunktion, 156/158; infinite Verbform, 83

64 Bestimme die Wortarten im Subjekt:
Die Kleinen haben es leichter. – Hunderterlei wurde besprochen. – Niemand möchte mit ihm tauschen. – Mein Nein ist endgültig. – Schwimmen ist mein liebster Sport.

Stellung des Subjekts im Aussagesatz 173

Im Aussagesatz kann das Subjekt – je nach der Betonung der einzelnen Satzglieder – vor oder nach dem Prädikat (an der ersten oder dritten Stelle) stehen. Wenn es nachgestellt wird, spricht man von Inversion (Umkehrung der Satzgliederfolge).

Das Geschäft / öffnet / heute / um 10 Uhr.
Heute / öffnet / **das Geschäft** / um 10 Uhr.

Das Pronomen "es" kann das Subjekt vorwegnehmen. Das eigentliche Subjekt wird nachgeholt.

Es / kamen / **nur wenige Zuschauer** / zum Spiel.
Nur wenige Zuschauer / kamen / zum Spiel.

☞ Prädikat, 170

174 Objekte

(das Objekt, lat.: das Entgegengestellte)

Die Sonne scheint. Die Sterne leuchten.	Die Grundbestandteile des Aussagesatzes sind die beiden Satzglieder Subjekt und Prädikat. Sie stimmen in Person und Numerus überein.
Der Lehrer lobt **den Schüler**. – **jemanden** loben Ich helfe **dir**. – **jemandem** helfen Er gab **mir die Hand** – **jemandem die Hand** geben. Wir haben oft **an dich** gedacht. – **an jemanden** denken	Nicht alle Sätze sind bereits vollständig, wenn sie aus Subjekt und Prädikat bestehen. Die meisten Verben fordern für die Vollständigkeit eines Satzes weitere Satzglieder. Das Verb bestimmt, in welcher Abhängigkeit diese Satzglieder zum Prädikat stehen. Die Abhängigkeit wird durch einen Kasus (Genitiv, Dativ, Akkusativ) oder eine Präposition ausgedrückt. Diese vom Verb geforderten Satzglieder heißen Objekte.
Die Kinder spielen auf der Wiese. Ich sehen **den Kindern** beim Spielen zu. **Das Wichtigste** fehlt noch. **An das Wichtigste** hast du offenbar nicht gedacht.	Die Objekte können die gleichen Gegenstände wie das Subjekt benennen und aus den gleichen Wortarten wie das Subjekt bestehen. Nur die Abhängigkeit vom Prädikat ist eine andere.

☞ Prädikat, 165/170; Subjekt, 171/173

Genitivobjekt

175

Er nahm sich **der Sache** an.	Zum Genitivobjekt führt die Frage: Wessen? Wessen nahm er sich an?
Wir erinnern uns **deiner** noch sehr gut. Wir können uns an dich noch sehr gut erinnern. Ich entsinne mich **eines ähnlichen Vollfalls**.	Das Genitivobjekt wird heute nur noch selten gebraucht. Meistens wird es durch einen präpositionalen Ausdruck (Präpositionalobjekt) ersetzt. Nur wenige Verben verlangen noch ein Genitivobjekt. Zu ihnen gehören Verben wie: beschuldigen, bezichtigen, anklagen, überführen, entbehren, ermangeln, bedürfen, sich enthalten, sich rühmen.
Das spottet **jeder Beschreibung**. Er besann sich doch noch **eines Besseren**. Wir harren **der Dinge**, die da kommen werden.	Das Genitivobjekt steht fast nur noch in Redewendungen.

☞ Präpositionalobjekt, 178

Dativobjekt

176

Nur knapp entkamen sie **der Gefahr**.	Zum Dativobjekt führt die Frage: Wem? Wem entkamen sie?
Das Buch gehört **mir**. Er zeigte **mir** seine Briefmarkensammlung.	Es steht meistens bei intransitiven Verben: z. B. danken, folgen, gehorchen, gehören, helfen, nützen, weichen – oder bei Verben, die zwei Objekte fordern: z. B. bringen, geben, schenken, zeigen.

Er widmete sich mit seiner ganzen Kraft **der neuen Aufgabe**.

Im Deutschen wird das Dativobjekt oft mit „Zuwendgröße“ übersetzt. Diese Bezeichnung versucht die Funktion des Dativobjekts im Satz zu charakterisieren.

177 Akkusativobjekt

Der Lehrer lobt **den Schüler**.
Er sagt **die Wahrheit**.

Zum Akkusativobjekt führt die Frage: Wen oder was?
Wen lobt er?
Was sagt er?

Er sucht **den Weg**.

Sie zeigten ihm **den Weg**.

Man bat **ihn** um Hilfe.

Das Akkusativobjekt ist das häufigste Objekt. Es wird von den transitiven Verben gefordert: z. B. finden, lieben, kennen, suchen, melden, schenken, zeigen.

Da bei den transitiven Verben die Handlung unmittelbar auf etwas gerichtet ist, nennt man das Akkusativobjekt im Deutschen auch „Zielgröße“.

Das hat **mich viel Mühe** gekostet.

Sie nannten **ihn einen Verräter**.

Sie nannten **ihn faul**.

Die Verben „lehren“ und „kosten“ können zwei Akkusativobjekte fordern.

Bei Verben wie „nennen“, „heißen“, „schelten“ oder „rufen“ bezeichnet das zweite Akkusativobjekt eine Gleichsetzung mit dem ersten.
Das zweite Akkusativobjekt kann auch mit einem endungslosen Adjektiv besetzt werden.

Präpositionalobjekt 178

Inge kümmert sich **um den Gast.**
– sich kümmern **um** . . .
– **um** (Akkusativ)

Das Verb fordert eine bestimmte Präposition, diese wiederum einen bestimmten Kasus.

Er achtet **auf die Form.**
– achten **auf** . . .
Er fürchtet sich **vor niemandem.**
– sich fürchten **vor** . . .

Beim Präpositionalobjekt ist die Präposition eng an das Verb (d. h. Prädikat) gebunden.

Alles hängt **von deiner Entscheidung** ab.
– **von etwas** abhängen

Das Präpositionalobjekt ist notwendiger Bestandteil der Satzstruktur.

Wenn der präpositionale Ausdruck nicht unmittelbar vom Verb gefordert wird, dann handelt es sich um ein Adverbiale.

Wir rechnen **mit deiner Hilfe.**

– Präpositionalobjekt

Aber:
Wir rechnen mit dem Taschenrechner. Wir können aber auch ohne Taschenrechner rechnen.

– Adverbiale

Er stand **auf** der Brücke.
Er stand **im** Wasser.
Er stand **neben** mir.

Diese Unterscheidung ist nicht immer leicht. Als Faustregel kann gelten: Wenn die Präposition gewechselt werden kann, ohne dass sich die Bedeutung des Verbs im Prädikat ändert, ist das Satzglied ein Adverbiale.

☞ Adverbiale, 179/189

65 Bestimme die Objekte:
Der Schaffner wechselt das Geld. – Franz hört seinem Freund zu. – Hast du deinen Füller gefunden? – Die Zuhörer widersprachen dem Redner. – Die Entscheidung hängt von dir ab. – Der Richter waltet seines Amtes.

179 Adverbiale

(das Adverbiale, Plural: Adverbialien/Adverbialia, Neubildung aus dem Lateinischen „ad verbum“: zum Verb hinzutretend)

Er kam **nach zwei Wochen** zurück. Er kam **nicht** zurück. Er wird **bald** zurückkommen.	Das Adverbiale ist nicht unmittelbar vom Prädikat (Verb) abhängig wie z. B. das Objekt.
Er fuhr **im Auto** / **mit der Eisenbahn** / **allein** / **nachts** / **trotz der Kälte**. Er schlief / las / sang / schwieg / **im Auto**.	Das Verb hat keinen unmittelbaren Einfluss auf seine Gestaltung. Das Adverbiale bezieht sich auf den Inhalt des ganzen Satzes.
Er spielt **gut** / **schnell** / **auf dem Klavier** / **ohne Unterlass** / **selten** / **nicht mehr**.	Das Adverbiale bestimmt oder erläutert die besonderen Umstände eines Geschehens; deshalb ist es für den Inhalt einer Aussage wichtig.

☞ Prädikat, 165; Abhängigkeit vom Verb, 71; Objekte, 174/178

180 Wortarten und Wortgruppen im Adverbiale

Das Adverbiale kann aus folgenden Wortarten oder Wortgruppen bestehen:

Er besucht uns **oft**.	– **Adverb**
Wir gehen **schnell** über die Straße.	– **Adjektiv**
Nachts (des Nachts) schlafen die Ratten doch.	– **Nomen im Genitiv**
Sie wanderten **den ganzen Tag**.	– **Nomen im Akkusativ**
Sie unterhielten sich **des Langen und Breiten** über seinen Plan.	– **Adjektiv im erstarrten Genitiv**
Das Fest fand **im Saale** statt.	– **Präposition und Nomen**
Wir wandern **bei schönem Wetter**.	– **Präposition und Adjektiv und Nomen**

Daran lässt sich nichts mehr ändern. – **Adverb und Präposition** (Pronominaladverb)

Über kurz oder lang wird er es schon lernen. – **Präposition und Adjektiv (endungslos)**

Ohne Zögern antwortete sie. – **Präposition und substantivierter Infinitiv**

☞ Wortarten, 24–29

Bedeutungsbereiche des adverbialen Satzgliedes

Am Nachmittag regnete es.
Wann?
Bei uns hat es geregnet.
Wo?
Es regnete **in Strömen**.
Wie?

Die Umstände, die durch das Adverbiale näher bestimmt werden, lassen sich in mehrere Bedeutungsbereiche untergliedern. Man unterscheidet:

– **das temporale Adverbiale** (Zeit) 181

Der Regen wird **bald** aufhören. — Wann?

Unsere Ferien dauern **bis zum 1. August**. — Bis wann?

Ich habe ihn **seit Wochen** nicht mehr gesehen. — Seit wann?

Sie blieben **zwei Tage** bei uns. — Wie lange?

Wir sehen ihn **selten**. — Wie oft?

– **das lokale Adverbiale** (Ort, Richtung) 182

Die Säule verjüngt sich **oben**. — Wo?

Wir gehen **ins Kino**. — Wohin?

Sie kommen **aus der Schule**. — Woher?

Das Wasser kommt **aus dem Berg**. — Woraus?

– **das modale Adverbiale** (Art und Weise) 183

Die Lampe strahlt **hell**.
Wir freuen uns **sehr** über seinen Besuch. — Wie?

Der Korb wog **zehn Kilo**. Der Korb wog **schwer**.	Wie viel?

184 – **das instrumentale Adverbiale**

Er wirft den Motor **mit einer Kurbel** an.	Womit?
Der Verkehr wird **durch Ampeln** geregelt.	Wodurch?

185 – **das kausale Adverbiale** (Grund)

Er sieht den Wald **vor lauter Bäumen** nicht.	Warum?
Aus Trotz blieb er zu Hause.	Weshalb?

186 – **das konditionale Adverbiale** (Bedingung)

Bei Selbstverschulden übernimmt die Versicherung keine Haftung.	Unter welcher Bedingung? Wann?
Unter diesen Umständen ziehe ich meinen Antrag zurück.	

187 – **das konzessive Adverbiale** (wirkungsloser Gegengrund, Einräumung)

Sie fuhren **trotz der Sturmwarnung** auf den See hinaus.	Trotz welchen Umstandes?

188 – **das konsekutive Adverbiale** (Folge)

Zu unserer Freude nahm er das Angebot an.	Mit welcher Wirkung?

189 – **das finale Adverbiale** (Zweck, Ziel)

Er reiste **zur Erholung** an die See.	Wozu?

66 Ersetze im Adverbiale die präpositionalen Ausdrücke durch Einzelwörter:
Er kommt in den nächsten Tagen. – Er kann sich nur mit Mühe bewe-

gen. – Er naht mit Riesenschritten. – Sie gaben ohne Zögern Auskunft. – Sie packten in großer Eile ihre Sachen zusammen. – In der Höhle war es kühl. – Auf diese Weise können wir nicht miteinander diskutieren. – Ich werde auf keinen Fall zustimmen. – Das Gerät arbeitet mit sehr großer Präzision.

67 Nimm die weiteren Informationen in die Sätze auf:
Der Botschafter überreichte dem Bundespräsidenten sein Beglaubigungsschreiben.
– gestern – in dessen Amtssitz – vor einem kleinen Kreis geladener Gäste –
Der Bundespräsident wies auf die traditionellen Bindungen zwischen beiden Ländern hin.
– in einer kurzen Ansprache – anschließend – unter dem Beifall der Anwesenden –

Prädikativum 190

(das Prädikativum, lat.: die Aussage mitgestaltend)

Das Prädikativum bezeichnet eine Gleichsetzung, die sich auf das Subjekt bezieht:

Franz	ist	**Schlosser.**
Subjekt	↑	Prädikativum
└──────→	=	←──────┘

Das häufigste Gleichsetzungszeichen ist das Hilfsverb „sein“:

Er	war	**krank.**
Subjekt	↑	Prädikativum
└──────→	=	←──────┘

Gleichsetzungen mit dem Subjekt können auch durch die Verben „werden“, „bleiben“, „heißen“ und „scheinen“ ausgedrückt werden:

Sie	wird	**Buchhändlerin.**
Ich	heiße	**Inge.**
Subjekt	↑	Prädikativum
└──────→	=	←──────┘

☞ Subjekt, 171

191 Formen des Prädikativums

Das Prädikativum kann aus verschiedenen Wortarten und Wortgruppen bestehen:

Inge ist (bleibt, wird) **unsere Klassensprecherin**.	– **Nomen im Nominativ** (Diese Gleichsetzung mit dem Subjekt heißt in der lateinischen Grammatik Prädikatsnomen.)
Er ist **es** gewesen. Sie waren nur **wenige**.	– **Pronomen oder Numerale**
Das Spiel war **spannend**.	– **Adjektiv** (endungslos) Aber: Ich bin **der Nächste**.
Das war zu meiner Zeit **anders**.	– **Adverb**
Wir sind **einer Meinung**.	– **Bildung im Genitiv**
Er ist noch **ohne Bewusstsein**.	– **präpositionaler Ausdruck**
Sie war **wie ihre Mutter**.	– **Vergleich**

☞ Wortarten, 24–29

68 Bestimme die Satzglieder:
Allmählich stieg die Straße an. – Ich musste mich sehr anstrengen. – Schließlich stieg ich vom Rad ab. – Die Sonne schien mir grell ins Gesicht. – Kaum wehte ein Lüftchen. – Oben ruhte ich mich unter dem Schatten einer Buche kurz aus. – Unten sah ich vor mir die weite Ebene. – Wir wollten uns heute noch in der Stadt treffen. – So hatten wir es neulich vereinbart.

192 Satzglieder zweiten Grades

Satzglieder, die unmittelbar von einem Prädikativum abhängen, nennt man Satzglieder zweiten Grades, um sie von den anderen Satzgliedern (1. Grades) zu unterscheiden.

Wir	sind	**mit deinem Plan** ↑	einverstanden.
Subjekt	Prädikat	Präpositionalobjekt (2. Grades)	Prädikativum

Im Einzelnen:

Ich bin **des Redens** müde.	Genitivobjekt
Er ist **uns** gewogen.	Dativobjekt
Wir sind **die Arbeit** gewohnt.	Akkusativobjekt
Wir sind **auf deine Antwort** neugierig.	Präpositionalobjekt
Du bist **mir an Ausdauer** überlegen.	Dativobjekt und Präpositionalobjekt
Sie ist **in München** ansässig.	Adverbiale

☞ Prädikat, 165/170; Subjekt, 171/173; Objekte, 174/178; Adverbiale, 179/189

Satzgliedreihe

193

Wir trafen uns **mit Freunden und Bekannten.** Wir besichtigten **die Stadtkirche, das Rathaus und das Eisenbahnmuseum.** Wir **wohnten und aßen** sehr preiswert.	Ein Satzglied kann mehrfach besetzt werden. Man spricht dann von einer Satzgliedreihe.
Er ist **im Haus oder im Garten.** Ich konnte ihn **weder im Garten noch im Hause** finden.	Konjunktionen verbinden die einzelnen Teile der Satzgliedreihe miteinander.
Franz und Inge gehen ins Kino. Aber: **Franz** geht **mit Inge** ins Kino.	In der Position des Subjekts muss die Satzgliedreihe in Person und Numerus mit dem Prädikat übereinstimmen.

☞ Konjunktion, 157; Subjekt, 171/173; Prädikat, 165/170

194 Satzgliedteil – Attribut

(das Attribut, Plural: Attribute, lat.: das Beigefügte, Beifügung)

> Das Attribut kann nicht selbstständig verschoben werden. Es ist kein Satzglied, sondern Teil eines Satzgliedes.

Die Hauptstraße / musste / wegen **umfangreicher** Bauarbeiten / gesperrt werden.

Wegen **umfangreicher** Bauarbeiten / musste / die Straße / gesperrt werden.

> Das Attribut gehört zu einem Bezugswort, das es genauer erläutert; es ist eine Beifügung.

Die Arbeiter legten einen mittelalterlichen **Stollen** frei.
Was für einen Stollen legten sie frei?

> Zu einem Bezugswort können mehrere Attribute gehören.

Der Bautrupp stieß auf einen **unbekannten** Stollen **der Stadtbefestigung.**

einen → Stollen ←   → Bezugswort ←

unbekannten   **der Stadtbefestigung**   Attribut   Attribut

> In einem Satzglied können mehrere Attribute stehen. Die Attribute können sich auf den Satzgliedkern selbst beziehen oder einem anderen Attribut zugeordnet sein. Es gibt daher eine Rangfolge der Attribute (ersten, zweiten usw. Grades).

Ein Bautrupp stieß auf einen noch unbekannten Stollen der mittelalterlichen Stadtbefestigung.

einen → Stollen ←
(Satzgliedkern)

Attribute

→ **unbekannten**   der → **Stadtbefestigung**   ersten Grades

noch   **mittelalterlichen**   zweiten Grades

☞ Satzglied, 177

69 Gliedere die Attribute nach dem Grad ihrer Abhängigkeit:
Die Unentbehrlichkeit des Waldes für das menschliche Leben in unseren Breiten ist in früheren Zeiten besser als heute verstanden worden. – Gestern ereignete sich auf der Baustelle einer Tiefgarage in der Berliner Straße ein Arbeitsunfall.

Zuordnungen des Attributs 195

	Folgende Wortarten können **Bezugswörter** für das Attribut sein:
die hohe **Mauer** eine ermüdende **Arbeit** der **Notarzt** der Feuerwehr der **Laden** an der Ecke **Inge**, meine ältere Schwester, die **Brücke** dort die **Kunst** zu schweigen	– **Nomina**
wir alle **dieser** hier **jeder** von uns **viele** aus dieser Generation	– **Pronomina, Numeralia**
sehr **schön** hell**grün** ziemlich **groß**	– **Adjektive**
noch **heute** weit **hinten** **unten** am Fluss	– **Adverbien**
hell **leuchtend** fast **zerstört**	– **Verben (Partizip I und II)**

☞ Wortarten, 24/159

196 Stellung des Attributs

Ein **hoher** Zaun umgab den Garten. Der Besitzer **des Wagens** hat sich noch nicht gemeldet.	Attribute können vor oder nach dem Bezugswort stehen.
Der **hohe** Zaun versperrt die Aussicht. Man hat in **dieser** Angelegenheit noch nicht entschieden. Das **verfaulte** Obst wird aussortiert.	Das aus einem Adjektiv, Pronomen oder Partizip gebildete Attribut steht meistens vor dem Bezugswort. Es stimmt in Kasus, Numerus und Genus mit dem Bezugswort überein; es wird dekliniert.
Die Verschmutzung **der Flüsse** ist Besorgnis erregend. Die Beratungen **über den Plan** dauern noch an. Die Lage **dort** hat sich gebessert.	Das nachgestellte Attribut wird in unterschiedlicher Weise mit dem Bezugswort verbunden.
Wir sprachen mit Herrn Dr. Müller, **unserem Hausarzt**, über die Möglichkeiten der Behandlung.	Bezugswort und nachgestelltes Attribut stimmen im Kasus überein; das nachgestellte Attribut steht zwischen Kommas. Diese Form des Attributs nennt man auch **Apposition** (lat.: beigeben, beiordnen).

70 Beantworte die Fragen zum Text:

Der mittelalterliche Marktplatz unserer Stadt, ein beliebtes Fotomotiv, ist für den Verkehr gesperrt worden;
denn der überaus malerische Anblick kann nicht darüber hinwegtäuschen, dass manches Haus mit einer noch prächtigen Fassade in seiner Bausubstanz bereits gefährdet ist.
Deshalb sucht man schon seit langem nach Möglichkeiten, die noch am besten erhaltenen Häuser für die Zukunft zu retten.

Wie heißt das Bezugswort zu „unserer Stadt"?
Worauf bezieht sich die Apposition „ein beliebtes Fotomotiv"?
Welches Wort wird durch „überaus" näher bestimmt?
Wie heißt der Kern des Satzgliedes „manches Haus mit einer noch prächtigen Fassade"?
Was wird durch „schon" näher bestimmt?
Wovon hängt die Infinitivkonstruktion ab?

Wortarten und Wortgruppen im Attribut 197

	Folgende Wortarten oder Wortgruppen können das Attribut bilden:
Bürgermeister Engel Dr. Müller, **unser Hausarzt,** die Staaten **Europas** das Dach **der Schule** der Eingang **zum Schulhof**	– **Nomina**
deine Hefte **viele** Fragen	– **Pronomina, Numeralia**
ein **altes** Haus **hell**blau **weit** oben	– **Adjektive**
das Auto **dort** **sehr** dunkel hier **unten**	– **Adverbien**
leuchtend rot ein **vergessener** Brief die Kunst **zu lesen**	– **Verben (Partizip I und II, Infinitiv)**

☞ Wortarten, 24/159

71 Ergänze die fehlenden Attribute:
Die Stadt wurde vor tausend Jahren gegründet. – Die Stadt hat eine . . . Geschichte.
Diese Münze findet man nur noch selten. – Er hat eine . . . Münze gefunden.
Der Wind weht heftig. – Heute weht ein . . . Wind.
Seine Augen strahlten. – Er blickte mich mit . . . Augen an.
Der Rasen war vorher gemäht worden. – Sie spielten auf einem . . . Rasen.
Sie spielten gegen die Parallelklasse. – Das Spiel . . . endete unentschieden.
Wir haben unseren Klassensprecher gewählt. – Gestern fand die Wahl . . . statt.
Nicht alle Vögel können fliegen. – Manche Vögel haben die Fähigkeit . . . verloren.
Mein Fahrrad steht ganz hinten. Das Fahrrad . . . gehört mir.

198 Attributreihe

Er interessierte sich für **altes chinesisches** Porzellan.
Der Weg führte durch eine **enge, tiefe** Schlucht.

Es war eine **schöne,** (und) **erlebnisreiche Reise.**
Wir wählten den **kürzeren,** (aber) **steileren** Weg.

Aber:
Man erwartete
zahlreiche auswärtige Gäste.

Unterscheide:
ein **neues,** (und) **kostengünstiges** Verfahren.

eine **mutige umweltpolitische** Entscheidung

In einem Satzglied können mehrere gleich**artige** (d. h. zur selben Wortart gehörende) Attribute aneinander gereiht werden.

Gleich**rangige** Attribute werden durch ein Komma getrennt.
Zur Probe: Man kann anstelle eines Kommas auch „und“ oder „aber“ setzen.

Wenn die Attribute (z. B. aus Adjektiven) **nicht gleichrangig** sind, dann steht kein Komma.

auswärtige Gäste
zahlreiche ↑

Das Verfahren ist neu **und** kostengünstig.

Diese umweltpolitische Entscheidung ist mutig.

199 Satz

Der Satz ist die kleinste grammatische und inhaltliche Einheit eines Textes. Im Text (genauer: Kontext) steht er zwar in einem größeren Zusammenhang – er bezieht sich auf andere Sätze –, aber er kann auch selbstständig für sich allein stehen. Seine Bestandteile sind die Satzglieder.

Der Herbst / naht. – Die Tage / werden / kürzer. – Die Blätter / fallen / von den Bäumen.

Subjekt und Prädikat bilden das Grundgerüst eines jeden Satzes. Sie stimmen in Person und Numerus überein.

Der Schnee /	schmilzt.	3. Person, Singular
Die Sterne /	leuchten.	3. Person, Plural
Subjekt	**Prädikat**	

Ein Satz ist seiner grammatischen Struktur nach vollständig, wenn alle Satzglieder, die das Verb des Prädikats fordert, besetzt sind.

Wir /	gönnen /	dir /	den Sieg.
Subjekt	**Prädikat**	**Dativobjekt**	**Akkusativobjekt**

jemandem ← gönnen
etwas ← gönnen

Sätze wie: *Wir gönnen dir – Wir gönnen den Sieg – Er hängt das Bild – Er hängt an die Wand* – sind grammatisch nicht vollständig, weil ein Satzglied fehlt, das vom Verb des Prädikats gefordert wird; sie ergeben keinen Sinn.

Jeder Satz kann weitere Satzglieder aufnehmen, die nicht unmittelbar vom Verb des Prädikats abhängen. Sie sind aber für die inhaltliche Vollständigkeit des Satzes, für die Genauigkeit der Aussage wichtig.

Die Sonne /	schien.
Subjekt	Prädikat

Wer?	scheinen
Subjekt ←	Prädikat

Gestern /	schien /	die Sonne.
Adverbiale	Prädikat	Subjekt

Gestern /	schien /	die Sonne /	den ganzen Tag.
Adverbiale	Prädikat	Subjekt	**Adverbiale**

Gestern /	schien /	in Süddeutschland /	den ganzen Tag /	die Sonne.
Adverbiale	Prädikat	**Adverbiale**	**Adverbiale**	Subjekt

Wir /	besuchen /	euch.
Subjekt	Prädikat	Akkusativobjekt

Wer?	besuchen	Wen?
Subjekt ←	Prädikat →	Akkusativobjekt

Wir /	besuchen /	euch	/ in diesem Jahr.	
Subjekt	Prädikat	Akkusativobjekt	**Adverbiale**	

Wahrscheinlich /	besuchen /	wir /	euch /
Adverbiale	Prädikat	Subjekt	Akkusativobjekt
in diesem Jahr.			
Adverbiale			

Wahrscheinlich /	besuchen /	wir /	euch /
Adverbiale	Prädikat	Subjekt	Akkusativobjekt
in diesem Jahr / nicht mehr.			
Adverbiale **Adverbiale**			

☞ Text, 160; Kontext, 161; grammatische und inhaltliche Vollständigkeit, 163; Satzglieder, 164/192

200 Satzbaupläne

Die Satzbaupläne beziehen sich auf den Aussagesatz. Die Reihenfolge der Satzglieder kann sich je nach Betonung durch Umstellung (Inversion) des Subjekts ändern. Es werden nur jene Satzglieder genannt, die für die grammatische Vollständigkeit notwendig sind.

Der Herbst naht.	Subjekt + Prädikat
Wir bedürfen deiner Hilfe.	Subjekt + Prädikat + Genitivobjekt (selten)
Das Buch gehört meiner Schwester.	Subjekt + Prädikat + Dativobjekt
Ich kehre die Straße.	Subjekt + Prädikat + Akkusativobjekt
Das verstößt gegen die Regel.	Subjekt + Prädikat + Präpositionalobjekt
Du hast mir einen großen Dienst erwiesen.	Subjekt + Prädikat + Dativobjekt + Akkusativobjekt
Wir gratulieren dir zum Geburtstag.	Subjekt + Prädikat + Dativobjekt + Präpositionalobjekt
Sie würdigten ihn keines Blickes.	Subjekt + Prädikat + Akkusativobjekt + Genitivobjekt
Er hat uns über seinen Plan informiert.	Subjekt + Prädikat + Akkusativobjekt + Präpositionalobjekt

Die Straße ist abschüssig.	Subjekt + Prädikat + Prädikativum
Er ist zu allem fähig.	Subjekt + Prädikat + Objekt (2. Grades) + Prädikativum

☞ Aussagesatz, 202; Inversion, 173; Satzglieder, 164/192

Satzarten 201

	In einem Satz kann
Der Zug fuhr pünktlich ab.	– etwas ausgesagt oder mitgeteilt werden,
Ist der Zug schon abgefahren? Wann fährt der Zug ab?	– nach etwas gefragt werden,
Gehen Sie bitte weiter! Bring mir bitte die Schaufel! Hättest du es mir doch gesagt!	– eine Aufforderung, ein Befehl oder ein Wunsch ausgedrückt werden,
Wie gut du aussiehst! Siehst du aber gut aus!	– ein Sachverhalt emotional (gefühlsbetont) wiedergegeben werden.

Aussagesatz 202

Franz **öffnete** leise die Tür. I II Subjekt Prädikat	Im Aussagesatz steht das Subjekt an der ersten und das einfache Prädikat an der zweiten Stelle.
Leise öffnete Franz die Tür.	Der erste Platz kann auch von einem anderen Satzglied (außer dem Prädikat) besetzt werden. Das Subjekt folgt dann nach dem Prädikat. Diese Umstellung (Inversion) hängt von der inhaltlichen Betonung einzelner Satzglieder ab.

Dann **knipste** er das Licht **an**. Die Schuhe **hatte** er draußen schon **ausgezogen**. So **konnte** ihn niemand **hören**.	Beim zusammengesetzten Prädikat bleibt der finite Prädikatsteil (Personalform des Verbs) an der zweiten Stelle. Der infinite Prädikatsteil schließt den Satz ab. Das zusammengesetzte Prädikat bildet eine Klammer, es umschließt die Satzglieder, die nach dem finiten Prädikatsteil stehen.

☞ Subjekt, 171/173; Prädikat, 166; finiter Prädikatsteil, 167; infiniter Prädikatsteil, 168; Inversion, 173; Satzbaupläne, 200

72 Bestimme die Satzbaupläne:
Der Bürgermeister trat sein Amt an. –
Mit dieser Antwort können wir nichts anfangen. –
Franz lieh mir sein Heft. –
Wir wünschen dir zum Geburtstag alles Gute.

203 Fragesatz

Gehst du heute mit mir ins Schwimmbad?

Wie komme ich hier zum Bahnhof?

Beim Fragesatz wird zwischen
- **Entscheidungsfragen**
  und
- **Ergänzungsfragen**

unterschieden.

204 Entscheidungsfragen

Gehst du heute mit mir ins Schwimmbad? Kommst du später nach? Kann ich deine Taucherbrille haben? Hast du dich schon für die Schwimmprüfung angemeldet? Hättest du mir das nicht schon früher sagen können?	Auf diese Fragen lässt sich kurz mit Ja oder Nein antworten; es sei denn, man ist sich nicht ganz sicher und sagt, man wisse es nicht. Normalerweise verlangen diese Fragen aber eine Entscheidung; es sind Entscheidungsfragen. Sie heißen auch **Satzfragen,** weil der ganze Inhalt des Fragesatzes verneint oder bejaht wird. Das einfache Prädikat bzw. der finite Prädikatsteil leitet die Entscheidungsfrage ein. Der infinite Prädikatsteil steht am Satzende.

☞ Prädikat, 166; finiter Prädikatsteil, 167; infiniter Prädikatsteil, 168

Ergänzungsfragen 205

Wann fährt der nächste Zug nach München? Auf welchem Bahnsteig fährt der Zug in Richtung München ein? Wer kann mir darüber Auskunft geben? Wen hast du hier besucht?	Fragen verlangen nicht immer eine Entscheidung. Sie können auch auf eine ergänzende Auskunft zielen. Ein bereits bekannter Sachverhalt soll nur noch genauer bestimmt werden. Diese Fragen heißen Ergänzungsfragen. Da sie meist mit einem Wort oder einer Wortgruppe beantwortet werden, nennt man sie auch **Wortfragen.** Sie beginnen mit einem Fragewort. Das einfache Prädikat bzw. der finite Prädikatsteil steht an zweiter Stelle, der infinite Prädikatsteil am Satzende.

☞ Prädikat, 166; finiter Prädikatsteil, 167; infiniter Prädikatsteil, 168

73 Entscheidungsfrage oder Ergänzungsfrage?
Dürfen wir hier über die Straße? – Wer hat hier Vorfahrt? – Wieso muss das Auto warten? – Warum gibt es hier keinen Übergang für Fußgänger? – Habt ihr das im Unterricht noch nicht besprochen?

Aufforderungssatz (Wunsch- oder Befehlssatz) 206

Gib mir bitte dein Lineal! Achtet auf die Verkehrszeichen! Sagen Sie ihm nichts davon! Mögest du immer daran denken!	Der Aufforderungs-, Wunsch- oder Befehlssatz richtet sich an jemanden mit der Absicht, ihn zu einer Handlung oder Reaktion zu bewegen.
Hättest du mir doch etwas gesagt! Wenn er das nur nicht gesagt hätte!	Sein Inhalt kann auch unwirklich (irreal) sein, z. B. im unerfüllbaren Wunschsatz.

Lies diese Stelle noch einmal vor! Sag du es ihm! Auf dich hört er.	Beim reinen Imperativ fehlt das Subjekt meistens. Es wird nur eingesetzt (an zweiter Stelle), wenn es hervorgehoben werden soll.
Schließen Sie bitte die Türen! Lest den Text genau durch!	Das einfache Prädikat bzw. der finite Prädikatsteil leitet den Aufforderungs-, Wunsch- oder Befehlssatz ein, der infinite Prädikatsteil schließt ihn ab.
Gott beschütze dich vor Gefahren! Er möge eintreten!	Sätze im Konjunktiv können allerdings auch die Struktur eines Aussagesatzes haben.
Wenn ich nur etwas mehr Zeit hätte! (Dann könnte ich die Sache selbst regeln.)	Dies ist ein verkürztes Satzgefüge. Es fehlt der Hauptsatz.

☞ Imperativ, 119; Subjekt, 171; finiter Prädikatsteil, 167; infiniter Prädikatsteil, 168; Konjunktiv, 106/107; Aussagesatz, 202; Satzgefüge, 247

207 Ausrufesatz

Spielt er nicht gut! Franz **spielt** aber gut! Wie gut Franz **spielt**!	Der Ausrufesatz kann nur inhaltlich als eigene Satzart bestimmt werden, denn das Prädikat kann – je nach Betonung – an verschiedenen Stellen stehen.

☞ Prädikat, 165/170

Satzarten und Stellung der Satzglieder 208

In der Grammatik wird die Satzstruktur der Satzarten jeweils nach einem festen Grundmuster beschrieben. Im Gespräch oder im schriftlichen Kontext kann die Struktur der einzelnen Satzart aber vom Grundmuster auch abweichen. Dies kommt vor, wenn ein bestimmter Teil des Satzes besonders betont werden soll.

Ich habe das nicht gesagt. **Gesagt** hat er es nicht, aber sich gedacht.

Er ist einfach weggelaufen. **Einfach** weggelaufen ist er.

Ich bin nur etwas müde. **Nur etwas müde** bin ich, sonst nichts.

☞ Kontext, 161

Satzarten und Aussageabsicht 209

Mach doch bitte das Licht an! Kannst du bei dem Licht noch etwas sehen? Würdest du bitte das Licht einschalten? Du solltest die Lampe anknipsen. Du gehst jetzt zum Schalter!	Satzart und Aussageabsicht stimmen nicht immer überein. Eine Aufforderung z. B. kann auch in der Gestalt eines Aussage- oder Fragesatzes ausgesprochen werden. Der Grund dafür sind Abstufungen im Grad der Aufforderung oder der Versuch, die Aufforderung höflich zu umschreiben.

☞ Satzarten, 201–209

74 Wie lässt sich die Aufforderung, im Kino einen Sitzplatz weiterzurücken, wiedergeben?

75 Ergänze die Satzzeichen und bestimme die Satzart:
Gehen Sie bitte zur Seite . . . – Hier gibt es nichts zu sehen . . . – Weitergehen . . . – Sie wollen doch nicht vom Kran erfasst werden . . . – Lassen Sie bitte den Wagen durch . . . – Kann hier denn niemand etwas Rücksicht nehmen . . . – Sie stehen hier nur im Wege . . . – Sie behindern den Verkehr . . . – Sie gehen jetzt weiter . . . –

210 Kurzsätze

Ruhe! Zur Seite! Herein! Alles aussteigen! Aufgepasst! Und ob! Immerhin! Warum eigentlich nicht? Abgemacht?	Kurzsätze sind grammatisch unvollständige Sätze, die nur in der Gesprächssituation oder im Textzusammenhang einen Sinn ergeben. Sie bestehen teilweise nur aus einzelnen Wörtern.

☞ Kontext, 161; grammatische Vollständigkeit, 163

211 Satzreihe

Du spielst. Ich arbeite. Du spielst, ich arbeite. Du spielst(,) und ich arbeite. Du spielst, aber ich muss arbeiten.	Die Satzreihe ist eine nebenordnende Verbindung (Parataxe, griech.: Nebenordnung) von Sätzen, die auch für sich allein, d. h. selbstständig stehen können.

Bildung der Satzreihe:

– **ohne Konjunktion**
asyndetisch (griech.: unverbunden)

Die Glocke läutet, die Schule beginnt, wir gehen ins Klassenzimmer.

Ich kann es dir nicht sagen; ich weiß es nicht.

Merke:
Die einzelnen Sätze werden durch ein Komma oder – bei stärkerer Abgrenzung – durch einen Strichpunkt (Semikolon) getrennt.

– **mit Konjunktion**
syndetisch (griech.: verbunden)

Es war Abend, der Verkehr hatte nachgelassen(,) und wir fuhren los.

Der Mond stand am Himmel(,) und die Sterne leuchteten.

Merke:
Vor „und“, „oder“ usw. steht kein Komma. Man kann es aber setzen, wenn man die Einzelsätze deutlich hervorheben will.

Das Spiel wurde verlängert, aber es blieb beim Unentschieden.

Vor „aber“, „sondern“ usw. steht ein Komma.

Es regnete, also fiel das Spiel aus.
Es regnete; dennoch ließ der Schiedsrichter weiterspielen.

Vor Adverbien in der Funktion einer nebenordnenden Konjunktion steht ein Komma oder – bei stärkerer Abgrenzung – ein Strichpunkt (Semikolon).

☞ nebenordnende Konjunktion, 157

76 Welche Art der Nebenordnung liegt vor?
Du hast viel gearbeitet; auch ich war fleißig. –
Er konnte nicht mitspielen, er war erkältet. –
Ich muss jetzt gehen, sonst wird es für mich zu spät. –
Es regnete, aber das Spiel lief weiter. –
Es hörte auf zu regnen, die Sonne trat hinter den Wolken hervor. –
Es war sehr gemütlich; deshalb wollte niemand gehen. –

212 Hauptsatz und Nebensatz

Hauptsatz: Ich gehe in die Stadt, **Nebensatz:** weil ich noch etwas besorgen muss.	**Hauptsatz** und **Nebensatz** bilden ein Satzgefüge.
Ich gehe schnell noch in die Stadt.	Der **Hauptsatz** ist der übergeordnete Satz; er kann auch selbstständig stehen.
Warum gehst du in die Stadt? (Ich gehe in die Stadt), weil ich noch etwas besorgen muss.	Der **Nebensatz** ist der untergeordnete Satz. Er hängt vom Hauptsatz ab; deshalb kann er nicht allein stehen. Er unterscheidet sich auch in der Struktur vom Hauptsatz.
	Bei den Aufgaben der **Nebensätze** unterscheidet man zwichen **Gliedsätzen** und **Attributsätzen:**
Das Spiel fiel **wegen schlechten Wetters** aus. **Satzglied:** wegen schlechten Wetters **Da der Rasen noch zu nass war,** fiel das Spiel aus.	Der **Gliedsatz** übernimmt die Aufgaben eines Satzgliedes.
Unsere Schule liegt an einer **verkehrsreichen** Straße. **Attribut:** (an einer) verkehrsreichen (Straße) Unsere Schule liegt an einer Straße, **die sehr stark befahren ist.**	Der **Attributsatz** übernimmt die Aufgaben eines Attributs.

☞ Satzgefüge, 247; Formen von Nebensätzen, 215/225; Gliedsatz, 227/241; Attributsatz, 243; Satzglied, 164/192; Attribut, 194/198

77 Unterscheide die Haupt- und Nebensätze:
Obwohl er an das Risiko dachte, das er einging, konnte er sich nicht vorstellen, dass der Plan, den er sich genau überlegt hatte, fehlschlagen könnte. –
Wenn seine Mannschaft ihm weiterhin die Treue halte, dann werde es niemanden auf den Weltmeeren geben, vor dem er sich fürchten müsste.

Nebensatz 213

Satzglied – Gliedsatz

In einen Gliedsatz können mehr Informationen aufgenommen werden als in ein Satzglied; denn ein Gliedsatz ist selbst wieder ein (abhängiger) Satz mit Satzgliedern. Die Entscheidung, ob etwas in der Form eines Satzgliedes oder Gliedsatzes wiedergegeben werden soll, hängt davon ab, wie ausführlich man über etwas berichten will.

Satzglieder	Gliedsätze
Bei einem Gewitter wird die Luft in der Nähe eines Blitzes stark erhitzt; sie leuchtet grell auf.	**Wenn im Freien elektrische Ströme durch die Luft schießen,** wird die Luft rund um den Blitz stark erhitzt; sie leuchtet grell auf.
Durch die plötzliche Ausdehnung der Luft wird eine gewaltige Schallwelle erzeugt.	**Da die Luft sich schlagartig ausdehnt,** wird eine gewaltige Schallwelle erzeugt.
Wir nehmen sie **einen Augenblick später** als das Rollen des Donners wahr.	**Wenn diese Schallwelle uns erreicht,** nehmen wir sie als das Rollen des Donners wahr.
Wegen der hohen Geschwindigkeit des Lichtes kannst du den Blitz sofort sehen. Den Donner hörst du etwas später.	**Weil das Licht sich sehr schnell bewegt,** kannst du den Blitz sofort sehen, noch ehe du den Donner hörst.
Mit Hilfe der Schallgeschwindigkeit kannst du **die Entfernung des Gewitters** errechnen.	**Da der Schall ungefähr drei Sekunden für einen Kilometer braucht,** kannst du feststellen, **wie viel Kilometer du vom Blitz entfernt bist.**

☞ Satzglieder, 164–193

78 Ersetze das Adverbiale jeweils durch einen Gliedsatz:
Gegen Abend kehrten die beiden Reisenden in einer Herberge ein. – Sie hatten *wegen des heftigen Regens* ihre Reise unterbrechen müssen.

79 Bestimme durch eine Frage, welches Satzglied des Hauptsatzes der Gliedsatz vertritt:
Sie ahnten aber nicht, dass sie in eine Räuberherberge geraten waren. –
Sie wunderten sich nur, dass der Wirt sie so sonderbar musterte. –

80 Kürze den Gliedsatz zu einem Satzglied:
Als es schon gegen Mitternacht ging, wachte der eine Reisende auf. – Wie die Geschichte weitergeht, kann man bei Wilhelm Hauff nachlesen.

81 Welche Sätze lassen sich in Gliedsätze umwandeln?
Die Bauarbeiten sind noch nicht beendet. Es wird noch einige Zeit dauern. –
Ich war im Keller. Unterdessen läutete das Telefon. –
Unterschreibe noch nicht! Lies den Vertrag vorher genau durch! –
Franz machte zuerst seine Hausaufgaben, dann fuhr er zu seinem Freund.

214 Attribut – Attributsatz

Attributsätze sind von einem Bezugswort im Hauptsatz abhängig, das sie genauer und ausführlicher erläutern; sie haben die Aufgabe eines Attributs. Da sie (abhängige) Sätze mit Satzgliedern sind, können sie weitere Einzelheiten aufnehmen, die durch ein Attribut nicht oder nur sehr unzulänglich wiedergegeben werden können.

Attribute	**Attributsätze**
Arzneimittel sind eine Ware **besonderer Art.**	Arzneimittel sind eine Ware, **für die es zum Schutz der Gesundheit unserer Bürger auch besonderer Schutzvorschriften bedarf.**
Weltweit wird der Segen **der Arzneimittel** erkannt.	Weltweit wird der Segen, **den die Arzneimittel gebracht haben und bringen können,** erkannt.
Allerdings gibt es auch ein geschärftes Bewusstsein für die **möglichen** Gefahren.	Allerdings gibt es auch ein geschärftes Bewusstsein für die Gefahren, **die sie in sich bergen können.**

☞ Attribut, 194–198

82 Ersetze, wo es sinnvoll ist, Attribute durch Attributsätze:
Nach einem langen, äußerst anstrengenden Marsch von mehr als vier Stunden über das Gletscherfeld waren die Leute der Bergwacht endlich an der vom Hubschrauberpiloten bezeichneten Stelle angelangt. – Ein unter der Last des Neuschnees abgerutschtes Schneebrett hatte die einzige Telefonverbindung zur Bergstation unterbrochen.

83 Gliedsatz oder Attributsatz?
Kurz vor Spielbeginn wurde die Aufstellung bekannt gegeben, in der die Gäste spielen würden. –
Die Zuschauer waren mit der Entscheidung, die der Schiedsrichter nach Rücksprache mit dem Linienrichter getroffen hatte, nicht einverstanden. –
Man war sich unschlüssig, wer den Elfmeter schießen sollte. –
Steiner konnte unternehmen, was er wollte, aber er kam nicht durch. –
Wo er auch stand, sofort war er vom Gegner umzingelt. –
Da die Anzeigetafel, an der sonst der Spielstand angezeigt wurde, nicht funktionierte, wurde ein Lautsprecher benutzt. –
Die Polizei gab durch Lautsprecher bekannt, in welcher Reihenfolge die Busse abfahren könnten. –
Diese vorsorgliche Maßnahme war durch die Erfahrung gerechtfertigt, dass es bisher öfters zu Verkehrsstauungen gekommen war.

84 Bestimme in dem Text die Gliedsätze und Attributsätze:
Er gleitet den Steig hinunter und steht einen Augenblick still, bevor er in die raunende Wand eindringt, die sich hinzieht am Hang und das Tal verdeckt. Schräg stößt das Licht herab und setzt sich auf dem Männerrücken fest, dem Gepäck über der Schulter, dem groben Hemd, unter dem die Haut nass ist und brennt. In das Holz schneidet das Licht große schimmernde Runen. Als der Mann die Zweige auseinander biegt, hört er Wasser singen hinter dem hingerissenen Flöten und Schmettern der Vögel: ein Tosen, das zwischen Steinen und über einem wirbelnden Gefälle zu entstehen scheint.

(Heinz Piontek)

Formen von Nebensätzen (Glied- und Attributsätze) 215

Bei der formalen Beschreibung der Nebensätze ist zu unterscheiden zwischen Nebensätzen,

die durch eine unterordnende Konjunktion (Subjunktion), ein Relativ- bzw. Interrogativpronomen oder ein Adverb eingeleitet werden,

und Nebensätzen,

die ohne Einleitung stehen.

216 Eingeleitete Nebensätze

Ich rufe dich an, wenn ich noch etwas **erfahre.** Die Straße, die durch das Tal **führte,** war für den öffentlichen Verkehr gesperrt.	Die meisten eingeleiteten Nebensätze sind daran zu erkennen, dass das Prädikat am Schluss steht: Endstellung.
Ich half ihm, weil er mich darum **gebeten hatte.** Ich weiß auch nicht, wie es **weitergehen soll.**	Beim zusammengesetzten Prädikat steht der infinite Prädikatsteil vor dem finiten Prädikatsteil.
Franz kam nicht in die Mannschaft, obwohl der Trainer ihn **hätte aufstellen müssen.** Wir waren überzeugt, dass sich diese Panne **hätte vermeiden lassen.**	Von dieser Reihenfolge wird nur abgewichen, wenn ein dreiteiliges Prädikat mit einem Modalverb oder mit „lassen" gebildet ist.
Er tat, als **wüsste** er es nicht. Er schaute mich an, als **hätte** er mich noch nie **gesehen.**	Beim irrealen (unwirklichen) Vergleichssatz steht das Prädikat bzw. der finite Prädikatsteil unmittelbar nach der Konjunktion.

☞ Prädikat, 165/170; finiter Prädikatsteil, 167; infiniter Prädikatsteil, 168

Zu den eingeleiteten Nebensätzen gehören:

217

– **Konjunktionalsätze**
Einleitung durch eine unterordnende Konjunktion (Subjunktion)
Beachte: Die Konjunktion ist kein Satzglied.

Er sprach so, **dass** ihn alle hören konnten.
Obwohl er noch Fieber hatte, stand er auf.

218

– **Relativsätze**
Einleitung durch Relativpronomen oder Adverb

Die Straße, **in der** wir wohnen, ist sehr ruhig.
Die Stelle, **wo** die Mosel in den Rhein mündet, heißt Deutsches Eck.

Der Film, **von dem** du mir neulich erzähltest, kommt jetzt auch bei uns ins Kino.

Das Relativpronomen richtet sich in Genus und Numerus nach dem Bezugswort und im Kasus nach der syntaktischen Struktur des Relativsatzes.

– **indirekte Fragesätze** 219

Einleitung durch Interrogativpronomen oder Adverb

Ich weiß nicht, **mit wem** er gesprochen hat.

Wann er genau gekommen ist, (das) kann ich dir nicht sagen.

Es ist sehr fraglich, **ob** er das wirklich gesagt hat.

Beachte: Indirekte Fragesätze können auch wie Konjunktionalsätze eingeleitet werden.

☞ unterordnende Konjunktionen, 158; Pronomina, 43–50

Nebensätze ohne Einleitung 220

Franz meinte, dass Inge bald komme. Franz meinte, Inge **komme** bald. Er sagte, dass er es nicht getan habe. Er sagte, er **habe** es nicht **getan.**	Nach den Verben des Sagens und Denkens kann die indirekte (berichtete) Rede auch ohne Konjunktion wiedergegeben werden. Die Stellung der Satzglieder entspricht dann der Grundstruktur des Aussagesatzes: Zweitstellung des Prädikats bzw. des finiten Prädikatsteils, Endstellung des infiniten Prädikatsteils.
Wenn du nicht auf meinen Wunsch eingehst, dann lassen wir es einfach sein. **Gehst** du nicht auf meinen Wunsch **ein,** dann lassen wir es einfach sein. Wenn du nur ein Wort gesagt hättest, dann hätte ich dich abgeholt. **Hättest** du nur ein Wort **gesagt,** dann hätte ich dich abgeholt.	Bei einem Konditionalsatz ohne Einleitung steht das Prädikat bzw. der finite Prädikatsteil an erster Stelle, der infinite Prädikatsteil an letzter Stelle.

☞ Struktur des Aussagesatzes, 202; Prädikat, 165/170; finiter Prädikatsteil, 167; infiniter Prädikatsteil, 168; indirekte Rede, 112, 118; Konjunktionalsatz, 217

85 In welcher Bedeutung werden die unterordnenden Konjunktionen verwendet?
Obwohl die Gegner überlegen spielten, erzielten sie kein Tor. –
Da die Gäste von Anfang an offensiv spielten, erwartete man die Entscheidung schon in der ersten Halbzeit. –
Als Singer aufs Feld kam, änderte sich die Situation. –
Während Füller beschäftigungslos in seinem Tor stand, musste Rall einen Schuss nach dem anderen abwehren. –
Hofbauer schickte seinen besten Mann vor, damit Steiner entlastet werde. –
Aber Hurler stellte seine Mannschaft sofort um, sodass die gegnerische Sturmspitze auch jetzt nicht durchkam.

86 Bestimme, wie sich durch den Wechsel der Konjunktion die Bedeutung des Gliedsatzes ändert:
Als ich aus dem Haus ging, fuhr der Bus gerade vorbei. – Bevor der Bus abfuhr, schlossen sich automatisch die Türen. – Ich konnte in den Bus einsteigen, ohne dass der Fahrer meine Karte sehen wollte. – Weil ich etwas spät dran war, musste ich zur Haltestelle rennen. – Wenn du dich nicht beeilst, erreichst du den Bus nicht mehr. – Beeil dich, damit du den Bus nicht versäumst! – Obwohl ich mich beeilt hatte, erreichte ich den Bus nicht mehr.

221 Verkürzte Nebensätze

In verkürzten Nebensätzen fehlt das Prädikat bzw. der finite Prädikatsteil. Das Prädikat ist durch eine infinite Verbform (Infinitiv, Partizip) ersetzt; sie steht am Ende des verkürzten Nebensatzes.

Wir müssen die Sache nochmals genau besprechen, damit wir eine zufrieden stellende Lösung finden.	
Wir müssen die Sache nochmals genau besprechen(,) **um** eine zufrieden stellende Lösung **zu finden.**	– **Infinitivsatz** (satzwertiger Infinitiv)
Weil ihn alle verlassen hatten, musste er sich selbst helfen.	
Von allen **verlassen**(,) musste er sich selbst helfen.	– **Partizipialsatz** (satzwertiges Partizip)

Infinitivsatz (satzwertiger Infinitiv)

222

Bei gleichem Subjekt in Haupt- und Nebensatz oder bei unpersönlichem Subjekt (man) im Nebensatz kann an die Stelle des Nebensatzes ein satzwertiger Infinitiv treten; bei verschiedenem Subjekt nur dann, wenn sich die Zuordnungen eindeutig ergeben. Dies gilt besonders für die satzwertigen Infinitivkonstruktionen, die mit „um zu“, „ohne zu“ oder „(an)statt zu“ eingeleitet werden.

Die Kunst – der Rezitation –, dass man ein Gedicht richtig vorträgt, –(,) **ein Gedicht richtig vorzutragen(,)** will gelernt sein.	 – **Attribut** – **Attributsatz** – **satzwertiger Infinitiv**
Er versprach – mir eine Karte aus Berlin. –, dass er mir gleich nach seiner Ankunft in Berlin schreiben werde. –(,) **mir gleich nach seiner Ankunft in Berlin zu schreiben.**	 – **Satzglied** – **Gliedsatz** – **satzwertiger Infinitiv** bei gleichem Subjekt
Ich bat ihn –, dass er mir das Heft möglichst bald zurückbringe. –(,) **mir das Heft möglichst bald zurückzubringen.**	 – verschiedenes Subjekt; Umwandlung möglich, da nicht missverständlich.

☞ Prädikat, 165/170; infinite Verbformen, 83/99; Attributsatz, 243; Gliedsatz, 227/242

223 Zeichensetzung beim satzwertigen Infinitiv

	Satzwertige Infinitive werden nur dann durch ein einzelnes bzw. paariges Komma vom Hauptsatz getrennt,
Ich habe schon lange **darauf** gewartet, die ganze Geschichte einmal in Ruhe mit dir besprechen zu können.	– wenn sie durch ein hinweisendes Wort angekündigt sind,
Die Mehrheit, ohne auf die kritischen Einwände der Minderheit zu hören, entschied sich für die aufwändige Baumaßnahme.	– wenn sie ein ergänzender Nachtrag sind,
Die Sache endlich ins Reine zu bringen, **das** war sein entschiedener Wunsch.	– wenn sie einen Hinweis aus dem übergeordneten Satz wieder aufnehmen.
	In allen anderen Fällen ist die Entscheidung, ein Komma zu setzen oder nicht, in das Ermessen der Schreiberin oder des Schreibers gestellt. Ein einzelnes bzw. paariges Komma **kann** gesetzt werden,
Wir fuhren mit dem Zug(,) um ausgeruht am Ferienort anzukommen. Wir fuhren(,) um ausgeruht am Ferienort anzukommen(,) mit dem Zug. Die Möglichkeit(,) sich auch anders zu entscheiden(,) bestand nicht.	– wenn der satzwertige Infinitiv als zusätzliche oder nachträgliche Information gekennzeichnet werden soll,
Die Mitglieder weigerten sich(,) über diesen Antrag erneut abzustimmen.	– wenn die Untergliederung des Satzes verdeutlicht werden soll,
Er versprach(,) mir die Kosten zu erstatten. Er versprach mir(,) die Kosten zu erstatten.	– wenn Missverständnisse vermieden werden sollen.

87 Welches Satzglied wird durch den Infinitivsatz vertreten?
Ich erlaube mir(,) Ihnen meinen herzlichsten Dank auszusprechen. –
Ich habe mich entschlossen(,) in euren Verein einzutreten. –
Es ist nahezu unmöglich, mit verbundenen Augen geradeaus zu gehen. –
Wir hoffen sehr(,) euch im nächsten Jahr wiederzusehen.

88 Bilde Infinitivsätze:
Sie baten ihn, er solle die Wahl annehmen. –
Er ist imstande und springt ins Wasser. –
Sie glaubten, dass sie den Sieg schon in der Tasche hätten.

89 Wovon hängen die Infinitivsätze ab?
Ich traf ihn in der Stadt, als er gerade in die Bibliothek ging(,) um sich ein Buch auszuleihen. –
Wir vereinbarten, uns heute nachmittag bei ihm zu treffen(,) um den Klassenabend vorzubereiten.

Partizipialsatz (satzwertiges Partizip) 224

<table>
<tr><td colspan="2">Das satzwertige Partizip ist endungslos. Das gedachte Subjekt ist meistens das Subjekt des Hauptsatzes. Das satzwertige Partizip wird nicht immer durch eine Konjunktion eingeleitet.</td></tr>
<tr><td>Die Umgehungsstraße
– geplante
–, die schon seit Jahren gebaut werden soll,
–, seit Jahren immer wieder geplant,
wird endlich gebaut.</td><td>– Attribut
– Attributsatz

– satzwertiges Partizip</td></tr>
<tr><td>Die Bergsteiger setzten
– trotz der erhöhten Lawinengefahr
–, obwohl sie auf die erhöhte Lawinengefahr hingewiesen worden waren,
–, vor der erhöhten Lawinengefahr gewarnt,
–, obwohl vor der erhöhten Lawinengefahr gewarnt,
ihren Aufstieg fort.</td><td>– Satzglied
– Gliedsatz

– satzwertiges Partizip ohne Konjunktion
– satzwertiges Partizip mit Konjunktion</td></tr>
</table>

Er missachtete die Vorfahrt; dadurch verursachte er einen Unfall.	– **Satzreihe**
Weil er die Vorfahrt missachtete, verursachte er einen Unfall.	– **Satzgefüge**
Die Vorfahrt missachtend(,) verursachte er einen Unfall. Der Fahrer, **die Vorfahrt missachtend**, verursachte einen Unfall.	– **satzwertiges Partizip** (in einem Hauptsatz)

Zu den Partizipialsätzen sind auch verkürzte Nebensätze zu zählen, bei denen man die Partizipialform eines Hilfsverbs ergänzen kann.	
– Trotz der Eile – Obwohl er in Eile war, – **Obwohl in Eile,** fand er doch noch so viel Zeit(,) mir das Wichtigste zu sagen.	– **Satzglied** – **Gliedsatz** – **unvollständiger Gliedsatz**

☞ Attributsatz, 243; Gliedsatz, 227–241

225 Zeichensetzung beim satzwertigen Partizip

Die Kommaregeln für das satzwertige Partizip stimmen mit denen beim satzwertigen Infinitiv (vgl. Nr. 223) überein.	
	Einzelnes oder paariges Komma:
Wir haben fleißig gelernt. **So**, bestens vorbereitet, gingen wir in die Prüfung.	– vorausgehender Hinweis
Vor Freude strahlend, **so** lief er auf die Freunde zu, die ihn am Flughafen begrüßten.	– nachträglicher Hinweis (Wiederaufnahme)
Die Umgehungsstraße, seit Jahren geplant, wurde endlich genehmigt.	– das satzwertige Partizip als ergänzender Nachtrag

	Ein einzelnes oder paariges Komma kann gesetzt werden,
Er ging(,) als Robin Hood verkleidet(,) auf den Ball.	– wenn das satzwertige Partizip als zusätzliche oder nachträgliche Information gekennzeichnet werden soll,
An dem Ergebnis zweifelnd(,) beauftragten die Abgeordneten einen zweiten Gutachter.	– wenn die Gliederung des Satzes im Einzelnen verdeutlicht werden soll.

90 Verwandle die Partizipien in Gliedsätze:

Die Lage so betrachtet, könnte man natürlich deiner Meinung sein. – Von mir aus gesehen stellt sich die Situation aber ganz anders dar. –
Obwohl darüber einigermaßen informiert, möchte ich mich jetzt nicht äußern. –
Von der Aussichtslosigkeit seines Vorhabens überzeugt zog er den Antrag endgültig zurück. –

226 Aufgaben (Funktionen) der Nebensätze

Bei der funktionalen Beschreibung der Nebensätze wird unterschieden zwischen

Nebensätzen,
die ein Satzglied des übergeordneten Satzes vertreten (Gliedsätze),

und

Nebensätzen,
die Aufgaben eines Attributs übernehmen (Attributsätze).

227 Gliedsätze

Es gibt so viele Arten von Gliedsätzen wie Arten von Satzgliedern:

Subjektsatz, Objektsatz, Adverbialsatz, Prädikativsatz.

228 Subjektsatz

Der Subjektsatz lässt sich durch „Wer oder was?“ erfragen.	
Diese Entscheidung war voreilig.	Subjekt (Satzglied)
Dass man sich so entschied, war voreilig.	Subjektsatz (Gliedsatz)
	Form:
Dass du jetzt schon fortgehen musst, gefällt mir gar nicht.	– Konjunktionalsatz
Wer das behauptet, lügt.	– Relativsatz
Wie er das schaffen will, ist mir ein Rätsel.	– indirekter Fragesatz
Sich darüber Gedanken zu machen hat keinen Sinn.	– Infinitivsatz (satzwertiger Infinitiv)

☞ Subjekt, 171/173; Formen von Nebensätzen, 215/225

Objektsatz 229

Der Begriff Objektsatz umfasst alle Gliedsätze, die für ein Genitivobjekt (Wessen?), Dativobjekt (Wem?), Akkusativobjekt (Wen oder was?) oder Präpositionalobjekt stehen können.	
Sie besprachen **die Einzelheiten des Vertrages.**	Objekt (Satzglied)
Sie besprachen, **was im Einzelnen vertraglich festzulegen war.**	Objektsatz (Gliedsatz)
	Form:
Man beschuldigte ihn, **dass er die Vorfahrt nicht beachtet habe**. (Wessen?)	– Konjunktionalsatz
Er liefert **jedem, der es wünscht**, die Milch ins Haus. (Wem?)	– Relativsatz
Ich kann nicht sagen, **wann ich zurückkomme**. (Wen oder was?)	– indirekter Fragesatz
Er behauptete, **er habe es nicht getan**. (Wen oder was?) (Er behauptete: „Ich habe es nicht getan." – Er behauptete, dass er es nicht getan habe.)	– ohne Einleitung, in der Form eines Aussagesatzes; meist in der indirekten (berichteten) Rede
Er bat mich(,) **ihm die Aufgabe genau zu erklären**. (Worum?)	– Infinitivsatz (satzwertiger Infinitiv)

☞ Objekte, 174/178

Adverbialsatz 230

Die Adverbialsätze werden wie das Adverbiale untergliedert. Der Form nach sind sie meistens Konjunktionalsätze.	
Bei unserer Ankunft regnete es.	Adverbiale (Satzglied)
Als wir ankamen, regnete es.	Adverbialsatz (Gliedsatz)

231	Temporalsatz (Zeit): Er kam auf mich zu, **als er mich sah.**	Form:* – Konjunktionalsatz
232	Lokalsatz (Ort, Richtung): Die Schlüssel lagen, **wo sie niemand vermutet hatte.** **Ich fahre dich, wohin du willst.**	– Relativsatz – Relativsatz
233	Modalsatz (Art und Weise): Ich kam herein, **ohne dass mich jemand bemerkte.** Er tat so, **als sähe er mich nicht.**	– Konjunktionalsatz – Konjunktionalsatz, mit Erststellung des Prädikats; meistens bei irrealem Vergleich. **Beachte:** Die Konjunktion zählt nicht als Satzglied.
234	Instrumentalsatz (Mittel): Er brachte den Zug zum Stehen, **indem er die Notbremse zog.** Er brachte den Zug **dadurch, dass er die Notbremse zog,** zum Stehen.	– Konjunktionalsatz
235	Kausalsatz (Grund): Er konnte nicht kommen, **weil er schon einen anderen Termin hatte.**	– Konjunktionalsatz
236	Konditionalsatz (Bedingung): **Wenn du es wünschst,** dann helfe ich dir gerne. **Hättet ihr mir nur etwas gesagt,** dann wäre ich bestimmt gekommen.	– Konjunktionalsatz – ohne Einleitung; Erststellung des finiten Prädikatsteils.

* Die Formen sind nur in Auswahl dargestellt.

Konzessivsatz (Einräumung): **Obwohl sie vor dem Unwetter gewarnt worden waren,** blieben sie nicht in der Schutzhütte. **Obwohl vor dem Unwetter gewarnt,** blieben sie nicht in der Schutzhütte.	– Konjunktionalsatz – Partizipialsatz (satzwertiges Partizip)	237
Konsekutivsatz (Folge): Sie rannte so schnell, **dass sie niemand einholen konnte.**	– Konjunktionalsatz	238
Finalsatz (Zweck): Er ging zur Seite, **damit das Auto vorbeifahren konnte.** Ich gehe in die Bücherei(,) **um mir ein Buch auszuleihen.**	– Konjunktionalsatz – Infinitivsatz (satzwertiger Infinitiv)	239

☞ Adverbiale, 179/189

Prädikativsatz 240

Gliedsätze, die ein Prädikativum (Gleichsetzungsgröße) vertreten oder seine Stelle einnehmen, sind meistens – dem Inhalt nach – erläuternde Ergänzungen oder Erweiterungen.
Franz wurde **Schreiner.** Franz ist **das** geworden, **was er sich schon immer gewünscht hatte.** Das Spiel war **spannend.** Das Spiel war, **wie es niemand erwartet hatte.** Sie war **wie ihre Schwester.** Sie war, **als hätte man ihre Schwester vor sich.** Er ist **treu.** Er ist, **was man eine treue Seele nennt.**

☞ Prädikativum, 190/191

91 Bestimme die Gliedsätze nach ihrer Form und ihrer Aufgabe:
Hat Franz euch mitgeteilt, wann er ankommt? –
Es ist nicht richtig(,) alles über einen Kamm zu scheren. –
Wo gehobelt wird, fallen Späne. –
Das Spiel musste abgebrochen werden, weil es zu sehr regnete. –
Einmal angefangen(,) muss die Sache auch zu Ende geführt werden.

241 Einbau des Gliedsatzes in den übergeordneten Satz

Der Gliedsatz ist im Satzgefüge, je nach seiner Stellung, ein Vorder-, Zwischen- oder Nachsatz.

Sobald ich Genaueres weiß, werde ich es dir mitteilen.	**Vordersatz**
Die Maschine konnte, **nachdem der Schaden behoben war**, wieder starten.	**Zwischensatz**
Sie beeilten sich, **weil es schon dunkel war.**	**Nachsatz**

Im Aussagesatz ist die normale Reihenfolge der Satzglieder: Subjekt, Prädikat, weitere Satzglieder. Der erste Platz kann durch Inversion (Umstellung) auch von einem anderen Satzglied – außer dem Prädikat – besetzt werden. Das Subjekt steht dann nach dem Prädikat. Beide Möglichkeiten gelten auch für den Einbau des Gliedsatzes in den Aussagesatz; denn der Gliedsatz vertritt ein Satzglied.

Wir Subjekt I	spielen Prädikat II	**bei Regen** Adverbiale III	in der Halle. Adverbiale IV
Wir Subjekt	spielen, Prädikat	**wenn es regnet,** Adverbialsatz	in der Halle. Adverbiale
Bei Regen Adverbiale I	spielen Prädikat II	wir Subjekt III	in der Halle. Adverbiale IV
Wenn es regnet, Adverbialsatz	spielen Prädikat	wir Subjekt	in der Halle. Adverbiale

☞ Satzgefüge, 247; Aussagesatz, 202

Gliedsatzreihe 242

Die Gliedsatzreihe ist eine nebenordnende Aufzählung von Gliedsätzen, die für ein und dasselbe Satzglied des übergeordneten Satzes stehen.	
Nachdem sie den Brief gelesen hatte, aber **noch bevor** sie mit mir darüber gesprochen hatte, fuhr sie nach München. Wann er das gesagt hat und wem er das gesagt hat, weiß ich leider nicht.	Die Gliedsätze sind verschieden eingeleitet. **Merke:** Bei gleichwertigen* Gliedsätzen, die durch „und“ bzw. „oder“ verbunden sind, fehlt das Komma. Dagegen steht aber ein Komma vor „aber“, „doch“, „sondern“.
Obwohl ich ihn auf die Gefahr hingewiesen hatte und **obwohl** er auch schon selbst davon gehört hatte, nahm er trotzdem das Risiko auf sich. **Als der Morgen kam, die Sonne über den Hügeln aufging und es wieder etwas wärmer wurde,** verließen wir das Dorf.	Die Gliedsätze sind gleich eingeleitet. Bei gleich eingeleiteten Gliedsätzen braucht die Einleitung nur einmal gesetzt zu werden.
Trotz meiner Warnung und **obwohl er schon seine Erfahrungen hatte**, ließ er von dem einmal gefassten Plan nicht ab.	Die Stelle des Satzgliedes im übergeordneten Satz kann durch ein Satzglied und einen Gliedsatz besetzt sein.

☞ nebenordnende Konjunktionen, 157; unterordnende Konjunktionen, 158

92 Setze die Satzzeichen:
Wir erfuhren dass er verletzt war aber trotzdem gestartet war –
Wie soll es weitergehen wenn du nicht mehr mitspielst und Franz verletzt ist –
Ich bin mir nicht sicher ob ich nächste Woche schon wieder spielen kann oder ob ich noch eine weitere Woche aussetzen muss –
Sobald ich beim Arzt war und er mich untersucht hat werde ich euch Genaueres sagen können –
Wenn der Arzt zwar nicht nein sagt aber es doch für besser hält dass ich noch eine Woche warte dann werde ich mich nicht aufstellen lassen

* gleichen Grades

243 Attributsatz

Der Attributsatz bezieht sich jeweils auf ein Bezugswort des übergeordneten Satzes, das er näher erläutert.	
Frage: Was für ein . . .? Welcher, welche, welches?	Form:
Der mittelalterliche Marktplatz, **der wegen seiner farbenprächtigen Häuserfronten ein beliebtes Fotomotiv ist**, musste für den Verkehr gesperrt werden.	– **Relativsatz** Bezugswort: Marktplatz
Der malerische Anblick kann nicht über die Tatsache hinwegtäuschen, **dass manches Haus in seiner Bausubstanz gefährdet ist.**	– **Konjunktionalsatz** Bezugswort: Tatsache
Mancher stellte sich schon lange die Frage, **warum der Durchgangsverkehr nicht umgeleitet werde.**	– **indirekter Fragesatz** Bezugswort: Frage
Das Bauamt sucht nach Möglichkeiten(,) **die noch am besten erhaltenen Häuser auch für die Zukunft zu retten.**	– **Infinitivsatz** Bezugswort: Möglichkeiten
Die Schäden, **immer wieder provisorisch ausgebessert**, sind nicht einfach zu beheben.	– **Partizipialsatz** Bezugswort: Schäden

☞ Formen von Nebensätzen, 215–225

93 Welche Sätze lassen sich in Attributsätze umwandeln?
Das Stadion war ausverkauft. Es fasste 30 000 Menschen. – Das Spiel begann sehr hektisch. Von dem Spiel hing sehr viel ab. – Das Publikum war mit der Entscheidung des Schiedsrichters nicht einverstanden. Er gab nach einem Foul an Brückner einen direkten Freistoß.

94 Bestimme die Form der Attributsätze:
Die Frage, wie es weitergehen soll, kann ich noch nicht endgültig beantworten. – Ich habe das Gefühl, dass bei der Sache etwas nicht

stimmt. – Das Verbot(,) die Straße im Winter zu befahren(,) gilt nur für Lastkraftwagen. – An dem Auto, das aus noch ungeklärten Gründen von der Straße abgekommen war, entstand Totalschaden. – Die Expedition, schon lange vorbereitet, konnte endlich durchgeführt werden.

Einbau des Attributsatzes in den übergeordneten Satz

Der Attributsatz ist von einem Bezugswort abhängig, auf das er nach Möglichkeit unmittelbar folgt. Sein Platz im übergeordneten Satz richtet sich daher nach der Stellung des Bezugswortes.
Die **Straße, die an der Schule vorbeiführt**, ist sehr stark befahren. Ich habe mich über deinen **Vorschlag, dass wir zusammen in die Ferien fahren**, sehr gefreut. Ich hatte schon immer den **Wunsch(,) in den Herbstferien bei der Weinlese zu helfen**.

244

Attributsatzreihe

245

Die Attributsatzreihe ist eine Aufzählung von Attributsätzen, die ein und demselben Bezugswort zugeordnet sind.	
Ich habe einen **Freund, der mir geduldig zuhört, auf den ich mich verlassen kann und dem ich vieles verdanke**.	Bezugswort: Freund
Sie trafen sich öfters in der **alten Mühle, die zu einem Jugendzentrum ausgebaut worden war**.	Einem Bezugswort können Attribute und Attributsätze zugeordnet sein.
Heute findet die Sitzung statt, zu der wir eingeladen wurden und von der viel abhängt. Wir wohnen in einem Haus, das vor vielen Jahren gebaut wurde, in dem wir uns aber sehr wohl fühlen.	**Merke:** Bei gleichwertigen* Attributsätzen, die durch „und“ bzw. „oder“ verbunden sind, fehlt das Komma.

* gleichen Grades, mit gleichem Bezugswort

246 Übersicht über die Bezeichnungen der Nebensätze nach Form und Aufgabe

Nebensatz

- Form
  - eingeleiteter Nebensatz:
    - Konjunktionalsatz
    - Relativsatz
    - indirekter Fragesatz
  - Nebensatz ohne Einleitung:
    - nach den Verben des Sagens und Denkens
    - Bedingung
  - verkürzter Nebensatz:
    - Infinitivsatz
    - Partizipialsatz
- Aufgabe
  - Gliedsatz:
    - Subjektsatz
    - Objektsatz
    - Adverbialsatz:
      - Temporalsatz
      - Lokalsatz
      - Modalsatz
      - Instrumentalsatz
      - Kausalsatz
      - Konditionalsatz
      - Konzessivsatz
      - Konsekutivsatz
      - Finalsatz
    - Prädikativsatz
  - Attributsatz

247 Satzgefüge

Das Satzgefüge ist eine Verknüpfung eines Hauptsatzes mit einem oder mehreren Nebensätzen (Gliedsätzen oder Attributsätzen). Nebensätze, die unmittelbar vom Hauptsatz abhängen, sind Nebensätze 1. Grades. Wenn Nebensätze nicht unmittelbar von einem Hauptsatz, sondern wieder von einem Nebensatz abhängen, dann sind sie Nebensätze 2. Grades. Bei größeren Satzgefügen kann die Abstufung noch weiter gehen.

Ich öffnete die Tür, als es klingelte.	Hauptsatz ↑Gliedsatz (1. Grades)
Ich vermute, dass die Sicherung durchgebrannt ist und dass sie ausgewechselt werden muss.	Hauptsatz ↑Gliedsatzreihe (1. Grades)

Das Haus, das wir für die Ferien gemietet haben, liegt am Meer.	Hauptsatz ↑└ Attributsatz (1. Grades; Bezugswort: Haus)
Er erzählte einen Witz, den zwar jeder schon kannte, aber bei dem man immer wieder lachen konnte.	Hauptsatz ↑└ Attributsatzreihe (1. Grades; Bezugswort: Witz)
Das Konzert, das bereits ausverkauft war, musste kurzfristig abgesagt werden, weil einer der Solisten plötzlich erkrankt war.	Hauptsatz ↑└ Attributsatz (1. Grades; Bezugswort: Konzert) ↑└ Gliedsatz (1. Grades)
Ich hätte es dir schon längst gesagt, wenn ich wüsste, wie man es besser machen könnte.	Hauptsatz ↑└ Gliedsatz (1. Grades) ↑└ Gliedsatz (2. Grades)
Wir schicken Ihnen unseren Katalog, in dem alle Artikel aufgeführt sind, die Sie bei uns bestellen können.	Hauptsatz ↑└ Attributsatz (1. Grades; Bezugswort: Katalog) ↑└ Attributsatz (2. Grades; Bezugswort: Artikel)
Wir fangen erst an, wenn Inge, die auch mitspielen möchte, da ist.	Hauptsatz ↑└ Gliedsatz (1. Grades) ↑└ Attributsatz (2. Grades; Bezugswort: Inge)
Wir warten noch auf Inge, die uns versprochen hatte, dass sie pünktlich zum Training kommen werde.	Hauptsatz ↑└ Attributsatz (1. Grades; Bezugswort: Inge) ↑└ Gliedsatz (2. Grades)

Man sollte darauf hinweisen, dass es noch fraglich ist, ob für den Plan, dem alle zugestimmt haben, auch die Mittel aufgebracht werden können, die für seine Ausführung benötigt werden.	Hauptsatz ↑ Gliedsatz (1. Grades) ↑ Gliedsatz (2. Grades) ↑ Attributsatz (3. Grades; Bezugswort: Plan) ↑ Attributsatz (3. Grades; Bezugswort: Mittel)

95 Bilde Satzgefüge:
Werden die Gäste beide Punkte mit nach Hause nehmen? –
Bis zum Schluss stand es offen.
Wann findet das Rückspiel statt? – Weißt du es schon?
Wäre es nicht besser gewesen(,) Rummel nach vorne zu schicken? –
Diese Frage stellte sich mancher.
Woran lag es wohl, dass unsere Mannschaft so nervös spielte? –
Ein Reporter fragte den Trainer.
Wen stellen Sie im Rückspiel für den verletzten Rummel auf? –
Das kann ich jetzt noch nicht sagen.
Wie können wir unseren Sturm verstärken? – Haben Sie sich das schon überlegt?

96 Bestimme, ob die einzelnen Beispiele jeweils eine Satzreihe oder ein Satzgefüge sind:
Der Admiral setzte sich hinter seinen großen Schreibtisch und vertiefte sich in ein Schriftstück. –
Es war still in dem Zimmer(,) und man hörte nur das Kratzen des Federkiels. –
Dann nahm der Kapitän plötzlich das harte Ticken einer Uhr wahr, die an der Wand hing. –
Sie ermahnte ihn, dass von den zehn Minuten Bedenkzeit schon drei verstrichen waren. –
Er überlegte, was ihm die erfolgreiche Durchführung des angebotenen Auftrags einbringen könnte. –
Wenn der Plan gelinge, werde ihn der König bestimmt befördern. –
Der Kapitän drehte sich um, er zögerte noch etwas, aber dann sagte er: „Ich nehme den Auftrag an."

Direkte (wörtliche) Rede

248

In der direkten Rede wird wiedergegeben, was jemand wörtlich gesagt hat.	
Ich fragte sie: „Kommst **du** heute?" **direkte Rede**	Ich fragte sie, ob **sie** heute komme. **indirekte Rede**
Sie sagte: „Vielleicht schaue ich gegen Abend kurz vorbei."	Die direkte Rede steht zwischen Anführungszeichen: „. . ."
Er entschuldigte sich: „Das tut mir wirklich Leid!"	Ein **Begleitsatz** erklärt die Redesituation.
Sie sagte: „Ich gehe schwimmen." Sie fragte: „Kommst du mit?" Sie bat mich: „Komm doch mit!"	Nach dem einleitenden Begleitsatz steht ein Doppelpunkt. Das erste Wort der direkten Rede wird großgeschrieben. Das Satzzeichen steht vor dem abschließenden Anführungszeichen.
„Wie lange ist der Laden geöffnet?", fragte ich. „Bleibt doch einen Tag länger!", bat sie uns. „Wir müssen morgen wieder arbeiten", antworteten wir.	Vor dem nachgestellten Begleitsatz steht ein Komma. Fragezeichen und Ausrufezeichen bleiben erhalten. **Aber:** Ein Punkt wird weggelassen.
„Wann endlich", fragte ich, „willst du mir die Bücher zurückbringen?" „Ich komme morgen", sagte er, „und bringe sie dir." „Wenn es dir passt", sagte er, „dann bringe ich sie dir morgen." „Ich habe wenig Zeit", entschuldigte er sich. „Vielleicht rufst du mich morgen an."	Ein eingeschobener Begleitsatz steht zwischen zwei Kommas, wenn die direkte Rede ein Hauptsatz, eine Satzreihe oder ein Satzgefüge ist. Wenn es sich um zwei Hauptsätze handelt, dann wird nach dem eingeschobenen Begleitsatz ein Punkt gesetzt.

Er sagte: „Das haben wir gleich“, und griff zum Hörer. Sie fragten uns: „Wo ist hier der Bahnhof?“, aber wir wussten es auch nicht. Er schrie ihn wütend an: „Glaubst du vielleicht, du könntest dir alles erlauben?“, schlug die Tür zu und verschwand.	Begleitsätze können auch umfassender sein, aber an den Grundregeln zur Zeichensetzung bei der direkten Rede ändert sich nichts. **Merke:** Bei einem weitergeführten Begleitsatz steht auch vor „und“ ein Komma.

☞ indirekte Rede 112, 118; Hauptsatz 212; Satzreihe 211; Satzgefüge 212, 247

97 Wo steht ein Komma?

a) Er blieb nicht im Bett obwohl er Fieber hatte.
Obwohl er Fieber hatte blieb er nicht im Bett.
Er blieb obwohl er Fieber hatte nicht im Bett.

b) Franz ein Freund meiner Schwester half uns.

c) Sie lebten in einem kleinen ruhigen Dorf.

d) Sie wohnten in einer schönen aber teueren Gegend.

e) Sie waren glücklich und zufrieden.

f) Sie dachte nicht daran die ganze Geschichte nochmals zu erzählen.

g) Sie zögerte den Auftrag allein zu übernehmen.
Den Auftrag allein zu übernehmen damit war sie nicht einverstanden.

h) Wenn du damit einverstanden bist sagte er dann bleiben wir heute zu Hause.

i) Inge und Franz sie kannten sich noch aus der Schule trafen sich zufällig in Rom.

Parenthese

249

(die Parenthese, griech.: Einschub, Schaltsatz)

Unter Parenthese versteht man den „Einschub" eines selbstständigen Satzes in einen anderen selbstständigen Satz, ohne dass beide Sätze syntaktisch miteinander verbunden sind. Der eingeschobene Satz erläutert zusätzlich einen Sachverhalt oder ergänzt ihn.

Er rannte an mir vorbei, er hatte es sehr eilig.	Satzreihe
Er rannte an mir vorbei, da er es offenbar sehr eilig hatte.	Satzgefüge
Er rannte, **er hatte es anscheinend sehr eilig,** kurz grüßend an mir vorbei.	Parenthese

	Der eingeschobene Satz kann
Gestern Nachmittag, gerade schien noch die Sonne, zog plötzlich ein Gewitter auf.	– zwischen zwei Kommas,
Wir wurden – das werde ich nie vergessen! – überaus freundlich aufgenommen.	– zwischen zwei Bindestrichen
Müller platzierte den Ball (wie war es anders zu erwarten?) mitten ins Tor.	– oder in Klammern stehen.

Beachte:
Der eingeschobene Satz wird am Anfang kleingeschrieben, ein Punkt am Ende fehlt, aber Ausrufezeichen und Fragezeichen werden gesetzt.

☞ Satz 162, 199; Satzreihe 211; Satzgefüge 212, 247

98 Getrennt- oder Zusammenschreibung?

a) Hat irgend()jemand angerufen?
b) Davon möchte ich drei()viertel Kilo.
c) Es war ein nass()kalter Tag.
d) Das Wasser ist kochend()heiß.
e) Er las eine leicht()verständliche Einführung.
f) Wir müssen einen neuen Termin fest()setzen.
g) Wir sollten die einzelnen Punkte genau auseinander()halten.
h) Sie waren dazu nicht im()(S/s)tande.
i) Die Ferien werden bald vorbei()sein.
k) Das ist ein (B/b)esorgnis()erregender Vorfall.
l) Ich möchte auf()(G/g)rund Ihres günstigen Angebots einiges bestellen.

99 Groß- oder Kleinschreibung?

a) Er tat sein (M/m)öglichstes.
b) Das ist (U/u)nmöglich.
c) Es kostete (H/h)undert Mark.
d) Sie kamen zu (H/h)underten.
e) Er will (M/m)orgen kommen.
f) Heute (M/m)orgen kam ich zu spät in die Arbeit.
g) Haben (S/s)ie meinen Brief bekommen.
h) Ich grüße (D/d)ich herzlich.
i) Das letzte (M/m)al habe ich noch zugestimmt, aber dies (M/m)al habe ich einige Einwände.
k) Es war ein schwerer (A/a)nfang. – Wir hatten (A/a)nfangs noch Schwierigkeiten.
l) Über (K/k)urz oder (L/l)ang hat jeder seinen Computer.

Sachregister

(Die Zahlen beziehen sich auf die jeweils am Seitenrand stehenden Nummern)

Schlüssel zu den Übungen

1 Bä-ren-fang mit But-ter-brot
Ein Forst-ar-bei-ter hat-te im fran-zö-si-schen De-par-te-ment Al-lier ei-nen jungen Bä-ren ge-fun-den. Auf dem Weg zur Ar-beit in den Staats-fors-ten konn-te er ein Tier ent-de-cken, das er zu-nächst für ein gro-ßes Wild-schwein hielt. Nach-dem er sei-nen Wa-gen an-ge-hal-ten und die Tür ge-öff-net hat-te, klet-ter-te der zu-trau-li-che Jung-bär so-gleich ins Au-to und stürz-te sich auf die be-leg-ten Bro-te des Ar-bei-ters. Die-ser nahm das Tier mit nach Hau-se, in der Hoff-nung, dass sich der Be-sit-zer mel-den wür-de.

2 Heim/kehr – Stand/punkt – Durch/fahrt – Süß/wasser/fisch – Schüler/fahr/karte – dunkel/blau – stand/fest – tod/müde – stink/faul – eines/teils – aus/statten – mit/tei-len – Manu/skript – Seismo/graph – Over/all – Science/fiction

3 Wir unterhálten uns. – Er sorgt selbst für seinen Únterhalt. – Die Unterháltung war sehr anregend. – Wir werden die Bedingung eínhalten. – Du kannst das Buch behál-ten.

4 Der Chauffeur denkt, der Fahrgast wisse die Adresse.
Der Chauffeur, denkt der Fahrgast, wisse die Adresse.

5 Hof – seh- – sperr- –

6 Z. B.: einfahren, ausfahren, verfahren, fahrig, Erfahrung –
(mit Ablaut) Einfuhr, Ausfuhr –
(mit Umlaut) führen, durchführen, Führer

7 Gefühl (fühlen, Präfix), Wohnung (wohnen, Suffix), Verzeichnis (zeichnen, Präfix und Suffix), Zähler (zählen, Suffix), Höhle (hohl, Umlaut), Gebälk (Balken, Präfix, Umlaut), Finsternis (finster, Suffix), Ortschaft (Ort, Suffix), Flüssigkeit (flüssig, Suffix), eisern (Eisen, Suffix), kränklich (krank, Suffix, Umlaut), heutig (heute, Suffix), neidisch (Neid, Suffix), zerbrechlich (brechen, Präfix, Suffix), unlöslich (lösen, Präfix, Suffix), kleinlich (klein, Suffix), hämmern (Hammer, Umlaut), ackern (Acker), schärfen (scharf, Umlaut), sichern (sicher), ängstigen (Angst, Suffix, Umlaut), reinigen (rein, Suffix), enterben (Erbe, Präfix), begreifen (greifen, Präfix), vertagen (Tag, Präfix)

8

Bestimmungswort:		Grundwort:	
Stand-	(Nomen)	platz	(Nomen)
Steh-	(Verb)	platz	(Nomen)
Frei-	(Adjektiv)	platz	(Nomen)
Gesetz-	(Nomen)	gebung	(Nomen, aus Verb)
Wärme-	(Nomen)	regler	(Nomen)
Möbel-	(Nomen)	schreiner	(Nomen)
nass-	(Adjektiv)	kalt	(Adjektiv)
tod-	(Nomen)	krank	(Adjektiv)
treff-	(Verb)	sicher	(Adjektiv)
leicht-	(Adjektiv)	gläubig	(Adjektiv)
hilfs-	(Nomen)	bereit	(Adjektiv)

9 Rohkost – Trockenobst – Holzverschalung –
Strandgut – Autofahrer – Betonbrücke

10 Hausboot: Boot, das als ständige Wohnung dient –
Bootshaus: Gebäude, in dem Boote abgestellt sind –
Wurfspeer: besondere Speerform (zum Werfen) –
Speerwurf: Vorgang, wie ein Speer geworfen wird –
Hausgerät: Gerät, das im Hause verwendet wird –
Gerätehaus: Lagerraum für Geräte –
Stadtgrenze: die Grenze der Stadt –
Grenzstadt: eine Stadt an der Grenze –

11 Das Gebäude ragt hoch in den Himmel. – Sie stritten sich um die Beute. – Die Straße war nur in einer Richtung zu befahren. – In riesigen Lettern leuchtete der Name der Firma über dem Gebäude. – Er nahm mit seinem Segler an der Atlantikregatta teil. – Wegen der schlechten Absatzsituation wurde nur noch halbtags gearbeitet. – Der Lkw war für drei Tonnen Nutzlast zugelassen.

12 Franzose: Staatsangehöriger – verstellbarer Schraubenschlüssel –
Wanze: Insekt – heimlich aufgestelltes Abhörgerät –

13 gelten – kommen – gehen – schlüpfen – bieten – Hand – lassen – leben – karg – Kost – nehmen – stehen – fangen – sehen – Schrift (schreiben) – Nummer

14 Vorschlag:
verbindlich lächeln, es geflissentlich übersehen, es gelassen hinnehmen –
sich wundern, erstaunt sein –
sich nicht beruhigen können, sich empören, es unglaublich finden, es nicht fassen können, die Hände über dem Kopf zusammenschlagen –
toben, wüten, außer sich sein –

15 Blatt: Pflanzen – sich verändernde Situation – Papier
Lager: Maschinenteile – Unterkunft – Vorratsraum
Bund: Teile von Kleidungsstücken – Gruppe
Bremse: Teile eines Fahrzeugs – Insekten
Knie: Körperteile – Rohrteile
Heft: Papier – Führungswechsel – Griffe an Geräten – Verbandszeug

16 Gewaltenteilung – Buchführung – Transportmittel – Pflanze

17 Stundenlohn (Oberbegriff: Bankwesen)
Arbeitszeit (Oberbegriff: Entlohnung)
Schaffner (Oberbegriff: Arbeitsverhältnis)
Regensburg (Oberbegriff: Hauptstädte von Bundesländern)
Jahrestag (Oberbegriff: Institutionen der Volksvertretung)

18 to begin – beginnen; the wonder – das Wunder; old – alt
Die anderen Wörter stammen aus dem Französischen.

19 Frucht – Ziegel – Fenster – Pforte – Wein – Zins – Zelle – Kiste – Kohl

20 Mönch – Glocke – Kloster – Hostie – Paradies – Portal – Tafel – Kapelle – Schule – Meister

21

Anschrift	annehmbar	teilen
Unterschied	allgemein	jammern
Fremdenverkehr	unverschämt	entziffern (entschlüsseln)

22 Moment – Fundament – Adresse – Radio – Dialekt – Friseur – Dompteur – Billett – Antike – Tempolimit – Rushhour – Helikopter

23 Beruf (Arbeit) – Steckenpferd – Jugendlicher unter zwanzig – kurze Hosen – kurze, enge Hosen – Niethosen – Schottenrock – Gemeinschaftsarbeit – Schwimmbecken – Sahneeis – Leiter einer Unterhaltungsveranstaltung – phantastische Geschichten aus Technik und Naturwissenschaft – nachträgliche Abstimmung von Ton und Bild – Buch mit hoher verkaufter Auflage – Leiter, Betreuer – Vorgesetzter

24 **Konferenz**schaltung: Sitzung (lat.), Besprechung mehrerer Beteiligter über telefonische Verbindung –
Saisonarbeiter: Jahreszeit (franz.), nur zu bestimmten Zeiten beschäftigt (Nebensinn: jemand, der nur in letzter Minute seine Arbeit erledigt) –
Starthilfe: Beginn, Anfahrt (engl.), Hilfe z. B. zum Beginn des Berufslebens –
Waren**test**: Prüfung (engl.), Prüfung von Waren nach ihrer Güte und Leistung –
Motorflug: „Beweger" (lat.), im Unterschied zum Segelflug – Hallen**training**: Übungen (engl.), in der Halle üben –
Livesendung: leben (engl.), Fernsehsendung, die unmittelbar bei der Aufnahme gesendet wird –

25 der See (Binnengewässer) – die See (Meer)
das Gehalt (Lohn) – der Gehalt (Inhalt, Anteil)
das Verdienst (Leistung, die Dank verdient) – der Verdienst (Lohn)
das Schild (Tafel mit Aufschrift) – der Schild (Schutzwaffe)

26

die Obstsorten	die Getreidearten
die Laubmassen	die Polizisten, Polizeieinheiten, -kräfte
die Fleischsorten	die Streitereien
die Ratschläge	die Gehässigkeiten
die Kaufleute	die Seeleute

27 Lebensmittel, Unkosten, Ferien, Gebrüder, Eltern, Geschwister (umgangssprachlich auch: das Geschwister), Leute, Masern, Einkünfte, Sämereien, Kosten (im Sinne von: Aufwendungen, Unkosten), Habseligkeiten, Spirituosen

28

die Tuche (verschiedene Tuchsorten)	– die Tücher (einzelne Stücke)
die Worte (Sätze, Rede)	– die Wörter (wie sie im Lexikon stehen)
die Bänke (Sitzgelegenheiten)	– die Banken (Geldinstitute)
die Bande (was eine Gruppe oder Menschen verbindet)	– die Bänder (einzelne Streifen)

29 des Redens (stark) – die einzelnen Reden (schwach) –
mit dem Wagen (stark) – seit Tagen (stark) – die Strahlen (gemischt) –
Buchstaben (gemischt) – mein Schulranzen (stark)

30

Kleinvieh	Adjektiv + Nomen
Straßenbahn	Nomen + Nomen
Schlepptau	Verb + Nomen
Sofortprogramm	Adverb + Nomen
Unterbau	Präposition + Nomen
Sechszylinder	Numerale + Nomen

31 Ich (Personalpronomen) weiß nicht, was (Interrogativpronomen) das (Demonstrativpronomen) bedeuten soll.
Was (Interrogativpronomen) meinen Sie (Personalpronomen) damit?
Ich (Personalpronomen) kann mit dieser (Demonstrativpronomen) Frage nichts (Indefinitpronomen) anfangen; sie (Personalpronomen) ist sehr unklar gestellt.
Die Frage, die (Relativpronomen) du (Personalpronomen) uns (Personalpronomen) gerade gestellt hast, ist schwer zu beantworten.
Nach meiner (Possessivpronomen) Meinung müsste man (Indefinitpronomen) sich (Reflexivpronomen) dies (Demonstrativpronomen) nochmals genauer überlegen.

32 Als ich (1. Person, Singular, Nominativ) ihn (3. Person, Singular, Akkusativ) das erste Mal auf der Straße traf, erinnerte er (3. Person, Singular, Nominativ) mich (1. Person, Singular, Akkusativ) an jene (3. Person, Plural, Akkusativ) Gestalten, an diese (3. Person, Plural, Akkusativ) skurrilen Figuren, die (3. Person, Plural, Nominativ) nicht selten die Märchen bevölkern. Irgendetwas (3. Person, Singular, Nominativ) an ihm (3. Person, Singular, Dativ) fesselte mich (1. Person, Singular, Akkusativ), aber ich (1. Person, Singular, Nominativ) konnte nicht sagen, was (3. Person, Singular, Nominativ) es (3. Person, Singular, Nominativ) war. Müde sah er (3. Person, Singular, Akkusativ) sich nach mir (1. Person, Singular, Dativ) um. Der Mantel hing schwer auf seiner (3. Person, Singular, Dativ) Schulter.

33 Diese Hefte gehören mir. Es sind meine Hefte.
Franz: seine Hefte
dir: deine Hefte
Inge: ihre Hefte
uns: unsere Hefte
den Schülern: ihre Hefte
euch: euere Hefte

34 Ich rief ihn / jenen beim Namen.
Sie halfen ihr bei der Arbeit.
Ich erinnere mich noch genau dieser Bemerkung.
Wir denken oft an diesen schönen Tag.
Geht ihr mit uns ins Schwimmbad?
Sie ist eingeschlafen.

35 einen **schmalen** Felsweg (Attribut) – **nass und glitschig** (Prädikativum) – **heftig** (Adverbiale) – **ängstlich** (Adverbiale) – **endlich** (Adverbiale) – **allmählich** (Adverbiale) – **dunkel** (Prädikativum) – **weit und breit** (Adverbiale) – **bestimmt** (Adverbiale) – **wahrscheinlich** (Adverbiale) – an der **letzten** Kreuzung (Attribut) – die **falsche** Richtung (Attribut) – den **schwachen** Schimmer (Attribut) einzelner **erleuchteter** Häuser (Attribut) – **richtig** (Adverbiale)

36 Es war ein langer (gemischte Deklination) Tag. – Wir waren den ganzen (schwache Deklination) Tag über gewandert. – Endlich konnten wir unsere nassen (gemischte Deklination) Kleider ablegen. – Zum Abendessen gab es Brot und frische (starke Deklination) Wurst mit heißem (starke Deklination) Tee. – Wir schliefen in dem neuen, hölzernen (schwache Deklination) Anbau.

37 Er ist größer als ich. – Du kannst es auch nicht besser als er. – Er kann genauso gut schwimmen wie du. – Dieser Vorschlag sagt mir eher zu als der andere.

38 Die Adjektive sind entweder schon Superlative (maximal, minimal) oder haben die Bedeutung eines Superlativs (riesengroß, uralt, steinreich, erstklassig, sterbenskrank) oder können nicht gesteigert werden (rund, nackt, einmütig, spanisch, dreifach, unüberwindbar, unlösbar, fleischlos, blutleer, kinderlos, unaufschiebbar, voll, leer), weil sie Zustände angeben, bei denen keine Abstufungen möglich sind: Was nicht ganz leer ist, ist eben nicht leer, sondern nur fast leer.

39 „besser" bezieht sich nur auf die letzte Zeit, aber nicht auf den Beginn des Schuljahres.

40 arm: sehr arm, arm, wie eine Kirchenmaus –
faul: überaus faul, stinkfaul –
fleißig: unendlich fleißig, überaus fleißig –
müde: hundemüde, todmüde –

41 „kein" lässt sich nicht steigern. –
Es gibt kein vorletztes Ende. –
„einzig" lässt sich nicht steigern. –
„einfallslos" lässt sich nicht steigern. –

42 großmütigst – äußerst grobkörnig – folgenreichst – feinstmaschig – meistgelesen – nächstliegend

43 Wir mussten noch einiges miteinander bereden. – Möchtest du mir noch etwas sagen? – Der Beschluss kann nicht mehr geändert werden (lässt sich nicht mehr ändern). – Zu diesem Punkt müsste man noch einiges sagen. – An dieser Stelle sollte man prüfen, ob der Vertrag nicht noch geändert werden kann.

44 Der Fehler ist noch nicht gefunden worden. – Das Problem ist von Experten gelöst worden. – Wie kann dieses Problem gelöst werden? – Das hätte von euch besser vorbereitet werden müssen. – Es wurde um rege Teilnahme gebeten. – Die Schaltung wird von uns überprüft werden. – Der Antrag musste von uns zurückgenommen werden.

45 Die Halle ist überdacht. – Ich bin gewaschen. – Die Aufgabe war gelöst. – Der Plan war nicht richtig durchdacht.

46 Die Tür ist abgeschlossen worden. (Vorgang)
Die Tür ist abgeschlossen. (Ergebnis des Vorgangs; Zustand)
Die Straße war geteert worden. (Vorgang in der Vergangenheit)
Die Straße ist geteert. (Ergebnis für die Gegenwart; Zustand)

47 „Es tut mir Leid; aber ich kann mich wirklich nicht mehr erinnern, dass Sie mit mir einen Termin ausgemacht hätten, an dem wir uns mit dem Vertragspartner träfen. Grundsätzlich vergesse ich nämlich nie eine Verabredung, die man einmal vereinbart hat. Haben Sie sich auch nicht geirrt? Sehen Sie doch bitte in Ihrem Terminkalender nochmals nach!"

48 Sie nahmen an, dass ich käme – dass er mit dem Zug fahre – dass wir es wieder in Ordnung brächten – dass der Zug Verspätung habe – dass ich mich verspätet hätte – dass er krank sei – dass sie es ihnen noch sagen werde – dass ich kommen würde – dass ich alles vorbereiten würde – dass er alles vorbereite.

49 Wenn er das gewusst hätte, dann wäre er gleich zu Hause geblieben. Ob ich es ihm nicht schon viel früher hätte sagen können? Das wäre doch bestimmt nicht zu viel verlangt gewesen. Ich könnte mich ruhig einmal in seine Lage versetzen; dann würde ich die Sache anders betrachten.

50 Wenn du vorbeikommst, dann gehe ich mit. – Wenn ich es nicht vergesse, dann werde ich es erledigen. – Wenn das Spiel schon begonnen hat, dann sind wir eben zu spät dran. – Wenn ich genügend Zeit gehabt hätte, dann hätte ich mich auch besser vorbereiten können. – Wenn die Straßen abgesperrt gewesen wären, hätte es nicht zu diesem Durcheinander kommen können. – Wenn ich dazu in der Lage wäre, zögerte ich nicht es zu tun.

51 sie sähen – er gäbe – du stündest (ständest) – ich brächte – wir wüssten – ihr möchtet – wir trügen – es zöge

52 gestrig (Adjektiv) – heute (Adverb) – gestern (Adverb) – heutig (Adjektiv) – bisherig (Adjektiv) – bisher (Adverb) – sofortig (Adjektiv) – sofort (Adverb)

53 nachts (Wann? Temporaladverb) – dort oben (Wo? Lokaladverb) – tagsüber (Wann? Temporaladverb) – stundenlang (Wie lange? Temporaladverb) – gestern (Wann? Temporaladverb) – vorher (Wann? Temporaladverb) – nur (Wie? Modaladverb) – gern (Wie? Modaladverb) – deshalb (Warum? Kausaladverb)

54 vor (temporal, Dativ) – über (lokal, Akkusativ) – nach (lokal, Dativ) – von (modal, Dativ) – in (lokal, Dativ) – von (modal, Dativ) – zu (Richtung im übertragenen Sinn, lokal, Dativ) – über (lokal, Akkusativ) – zu (lokal, Dativ) – von (lokal, Dativ) – in (temporal, Dativ) – unter (lokal, Dativ) – auf (lokal, Dativ)

55 Obwohl (unterordnend) in vielen Teilen der Welt die Menschen hungern und (nebenordnend) Dürrekatastrophen ganze Landstriche entvölkern, kann man immer wieder lesen, dass (unterordnend) Nahrungsmittel vernichtet werden. Man spricht von Preisstabilität und (nebenordnend) Preisverfall. Das hört sich sehr gut an, aber (nebenordnend) in Wirklichkeit bedeutet es, dass (unterordnend) Lebensmittel nur deshalb vernichtet werden, weil (unterordnend, in Verbindung mit „deshalb“) sie unter dem gewünschten Preis verkauft werden müssten. Deshalb (nebenordnend) lässt man das Gemüse lieber auf Halden verfaulen oder (nebenordnend) zahlt Prämien dafür, dass (unterordnend) die Anbaufläche oder (nebenordnend) der Viehbestand verringert wird. Zwar (nebenordnend, mit „aber“) stimmt es, dass (unterordnend) leicht verderbliche Nahrungsmittel nur in verarbeiteter Form oder (nebenordnend) in Kühlschiffen über größere Entfernungen transportiert werden können – dies gilt aber (nebenordnend) weder (nebenordnend) für Getreide noch (nebenordnend) für viele andere Grundnahrungsmittel. Und (nebenordnend) trotzdem (nebenordnend) werden immer wieder Lebensmittel, die im eigenen Land nicht benötigt werden oder (nebenordnend) billig abgegeben werden müssten, zu Viehfutter verarbeitet oder (nebenordnend) einfach vernichtet. Und (nebenordnend) dies, während (unterordnend) Menschen in anderen Ländern hungern.

56 jedoch (adversativ) – während (adversativ) – trotzdem (adversativ) – obwohl (konzessiv) – aber (adversativ) – wenn (konditional) – deshalb (kausal) – weil (kausal) – damit (final) – als (temporal) – solange (temporal)

57 Es kommt zu den Missverständnissen, weil der zweite Sprecher die Aussagen des ersten Sprechers bewusst in einen anderen Zusammenhang stellt; er hält sich nicht an den Kontext, an die Redesituation.

58 Ich hänge meine Jacke an den Haken. – Die Entscheidung hängt von deiner Stimme ab. – Der Weg führte ins Tal. – Dies würde zu weit führen. – Er legt die Karten auf den Tisch. – Ich lege das Buch ins Regal.

59 Ich gebe einen Brief auf (zur Post bringen). –
Er hat die Hoffnung noch nicht aufgegeben (aufhören zu hoffen). –
Heute hat uns der Lehrer nichts aufgegeben (Arbeitsaufträge geben). –
Er hob sich die Briefmarke auf (aufbewahren). –
Das Halteverbot wurde wieder aufgehoben (für ungültig erklären).

60 Wir / klopfen / die Teppiche / heute / im Hof.
Heute / klopfen / wir / die Teppiche / im Hof.
Die Teppiche / klopfen / wir / heute / im Hof. -
Fünf Mark Arbeitsgeld / bekommen / wir / für jeden gesäuberten Teppich / von unseren Eltern. –
Am nächsten Morgen / wartete / der Wildhüter / vergeblich / auf den Luchs. –
Die ganze Geschichte / erzählte / er / später / einem Reporter.

61 Die Ausdrücke sind jeweils nur **ein** Satzglied, weil sie nur geschlossen in einem Satz verschoben werden können.
Z. B.: Die Ausstellung / wurde / vor einem kleinen Kreis geladener Gäste / eröffnet.
Vor einem kleinen Kreis geladener Gäste / wurde / die Ausstellung / eröffnet.

62 Ein Luchs ist (finit) in das Gatter eingedrungen (infinit). –
Der Hirsch hat (finit) den Angreifer verjagt (infinit). –
Der Luchs ist (finit) nicht mehr zurückgekommen (infinit). –
Die Blutspur hat (finit) man bis tief in den Wald verfolgen können (infinit).

63 eingestellt – Partizip II
ab – Präfix eines trennbaren Verbs
nachsehen – Infinitiv
dauern – Infinitiv
still (Adjektiv als freier Verbzusatz)

64 Die Kleinen (Adjektiv, substantiviert) –
Hunderterlei (Numerale) –
Niemand (Pronomen) –
Mein Nein (Adverb, substantiviert) –
schwimmen (Infinitiv)

65 das Geld (Akkusativobjekt) – seinem Freund (Dativobjekt) – deinen Füller (Akkusativobjekt) – dem Redner (Dativobjekt) – von dir (Präpositionalobjekt) – seines Amtes (Genitivobjekt)

66 Er kommt demnächst. – Er kann sich kaum bewegen. – Er naht eilends. – Sie gaben sofort Auskunft. – Sie packten eilig ihre Sachen zusammen. – Dort war es kühl. – So können wir nicht miteinander diskutieren. – Ich werde nicht zustimmen. – Das Gerät arbeitet genau.

67 Vor einem kleinen Kreis geladener Gäste überreichte der Botschafter gestern dem Bundespräsidenten in dessen Amtssitz sein Beglaubigungsschreiben. – Unter dem Beifall der Anwesenden wies der Bundespräsident anschließend in einer kurzen Ansprache auf die traditionellen Bindungen zwischen beiden Ländern hin.

68 Allmählich (Adverbiale) stieg (finiter Prädikatsteil) die Straße (Subjekt) an (infiniter Prädikatsteil). – Ich (Subjekt) musste (finiter Prädikatsteil) mich (Akkusativobjekt) sehr (Adverbiale) anstrengen (infiniter Prädikatsteil). – Schließlich (Adverbiale) stieg (finiter Prädikatsteil) ich (Subjekt) vom Rad (Präpositionalobjekt) ab (infiniter Prädikatsteil). – Die Sonne (Subjekt) schien (Prädikat) mir (Dativobjekt) grell (Adverbiale) ins Gesicht (kein Adverbiale, sondern Präpositionalobjekt, da es vom Verb gefordert wird). – Kaum (Adverbiale) wehte (Prädikat) ein Lüftchen (Subjekt). – Oben (Adverbiale) ruhte (finiter Prädikatsteil) ich (Subjekt) mich (reflexiv) unter dem Schatten einer Buche (Adverbiale) kurz (Adverbiale) aus (infiniter Prädikatsteil). – Unten (Adverbiale) sah (Prädikat) ich (Subjekt) vor mir (Adverbiale) die weite Ebene (Akkusativobjekt). – Wir (Subjekt) wollten (finiter Prädikatsteil) uns (Akkusativobjekt) heute noch (Adverbiale) in der Stadt (Adverbiale) treffen (infiniter Prädikatsteil). So (Adverbiale) hatten (finiter Prädikatsteil) wir (Subjekt) es (Akkusativobjekt) neulich (Adverbiale) vereinbart (infiniter Prädikatsteil).

69 **Die Unentbehrlichkeit**

ersten Grades: des Waldes — für das Leben

zweiten Grades: menschliche — in Breiten

dritten Grades: unseren

auf der Baustelle

ersten Grades: einer Tiefgarage

zweiten Grades: in der Straße

dritten Grades: Berliner

70 Das Bezugswort zu „unserer Stadt" heißt „Marktplatz". – Die Apposition „ein beliebtes Fotomotiv" bezieht sich auf „Marktplatz". – Durch „überaus" wird das Wort „malerisch" näher bestimmt. – Der Kern (Bezugswort) heißt „Haus". – Durch „schon" wird „seit langem" näher bestimmt. – Die Infinitivkonstruktion hängt von dem Bezugswort „Möglichkeiten" ab.

71 eine tausendjährige Geschichte – eine seltene Münze – ein heftiger Wind – mit strahlenden Augen – auf einem gemähten Rasen – das Spiel gegen die Parallelklasse – die Wahl unseres Klassensprechers – die Fähigkeit zu fliegen – das Fahrrad ganz hinten

72 Der Bürgermeister trat sein Amt an. –
Subjekt + Prädikat + Akkusativobjekt
Mit dieser Antwort können wir nichts anfangen. –
Präpositionalobjekt + Prädikat + Subjekt + Akkusativobjekt (Inversion)
Franz lieh mir sein Heft. –
Subjekt + Prädikat + Dativobjekt + Akkusativobjekt
Wir wünschen dir zum Geburtstag alles Gute. –
Subjekt + Prädikat + Dativobjekt + Präpositionalobjekt + Akkusativobjekt

73 Entscheidungsfrage:
Dürfen wir hier über die Straße? – Habt ihr das im Unterricht noch nicht besprochen?
Ergänzungsfrage:
Wer hat hier Vorfahrt? – Wieso muss das Auto warten? –
Warum gibt es hier keinen Übergang für Fußgänger?

74 Könnten Sie bitte einen Sitz weiterrücken? – Warum rücken Sie denn nicht auf? – Rücken Sie doch bitte einen Sitz weiter! – Weiterrücken! – Ich bräuchte diesen Platz noch; daneben ist ja noch ein anderer für Sie frei.

75 Gehen Sie bitte zur Seite! (Aufforderungssatz) –
Hier gibt es nichts zu sehen. (Aussagesatz) –
Weitergehen! (unvollständiger Satz, Infinitiv) –
Sie wollen doch nicht vom Kran erfasst werden? (Aussagesatz)
Lassen Sie bitte den Wagen durch! (Aufforderungssatz) –
Kann hier denn niemand etwas Rücksicht nehmen? (Fragesatz, Entscheidungsfrage) –
Sie stehen hier nur im Wege. (Aussagesatz) –
Sie behindern den Verkehr. (Aussagesatz) –
Sie gehen jetzt weiter! (Aussagesatz) –

76 Du hast viel gearbeitet; auch ich war fleißig.
(syndetisch, kopulativ) –
Er konnte nicht mitspielen, er war erkältet.
(asyndetisch, kausal) – (denn, nämlich)
Ich muss jetzt gehen, sonst wird es für mich zu spät.
(syndetisch, disjunktiv) – (andernfalls)
Es regnete, aber das Spiel lief weiter.
(syndetisch, adversativ) – (trotzdem, dennoch)
Es hörte auf zu regnen, die Sonne trat hinter den Wolken hervor.
(asyndetisch, kopulativ) – (und)
Es war sehr gemütlich; deshalb wollte niemand gehen.
(syndetisch, kausal) –

77

Obwohl er an das Risiko dachte,	Nebensatz (Gliedsatz)
das er einging,	Nebensatz (Attributsatz)
konnte er sich nicht vorstellen,	Hauptsatz (Gliedsatz)
dass der Plan, . . . fehlschlagen könnte.	Nebensatz (Gliedsatz)
den er sich genau überlegt hatte,	Nebensatz (Attributsatz)
Wenn seine Mannschaft ihm weiterhin die Treue halte,	Nebensatz (Gliedsatz)
dann werde es niemanden auf den Weltmeeren geben,	Hauptsatz
vor dem er sich fürchten müsste.	Nebensatz (Attributsatz)

78 Als es Abend wurde, kehrten die beiden Reisenden in einer Herberge ein. –
Da es in Strömen goss, hatten sie ihre Reise unterbrechen müssen. –

79 Was ahnten sie nicht? (Akkusativobjekt) –
Worüber wunderten sie sich? (Präpositionalobjekt) –
Warum schliefen sie sofort ein? (Adverbiale, Grund) –

80 Gegen Mitternacht wachte der eine Reisende auf. –
Den weiteren Verlauf der Geschichte kann man bei Wilhelm Hauff nachlesen.

81 Es wird noch einige Zeit dauern, *bis die Bauarbeiten beendet sind.* –
Während ich im Keller war, läutete das Telefon. –
Lies den Vertrag genau durch, *bevor du ihn unterschreibst!* –
Nachdem Franz seine Hausaufgaben gemacht hatte, fuhr er zu seinem Freund.

82 Nach einem langen, äußerst anstrengenden Marsch von mehr als vier Stunden über das Gletscherfeld waren die Leute der Bergwacht endlich an der Stelle angelangt, die der Hubschrauberpilot bezeichnet hatte. – Ein Schneebrett, das unter der Last des Neuschnees abgerutscht war, hatte die einzige Telefonleitung zur Bergstation unterbrochen.

83 Was für eine Aufstellung? Die *Aufstellung,* in der die Gäste spielen würden – (Attributsatz) –
Mit welcher Entscheidung? Mit der *Entscheidung,* die der Schiedsrichter nach Rücksprache mit dem Linienrichter getroffen hatte. (Attributsatz) –
Worüber war man sich unschlüssig? Wer den Elfmeter schießen sollte. (Gliedsatz) –
Was konnte Steiner unternehmen? Was er wollte. (Gliedsatz) –
Wo war er sofort vom Gegner umzingelt? Wo er auch stand. (Gliedsatz) –
Warum wurde ein Lautsprecher benutzt? Da die Anzeigetafel nicht funktionierte. (Gliedsatz) –
Was für eine Anzeigetafel? Eine *Anzeigetafel,* an der sonst der Spielstand angezeigt wurde. (Attributsatz) –
Was gab die Polizei bekannt? In welcher Reihenfolge die Busse abfahren könnten. (Gliedsatz) –
Durch welche Erfahrung? Durch die *Erfahrung,* dass es bisher öfters zu Verkehrsstauungen gekommen war. (Attributsatz)

84 – bevor er in die raunende Wand eindringt – (Gliedsatz)
– die sich hinzieht am Hang und das Tal verdeckt – (Attributsatz);
– unter dem die Haut nass ist und brennt – (Attributsatz);
– als der Mann die Zweige auseinander biegt – (Gliedsatz);
– das zwischen Steinen und über einem wirbelnden Gefälle zu entstehen scheint – (Attributsatz)

85 – obwohl die Gegner überlegen spielten – (konzessiv);
– da die Gäste von Anfang an offensiv spielten – (kausal);
– als Singer aufs Feld kam – (temporal);
– während Füller beschäftigungslos in seinem Tor stand – (temporal oder adversativ, vom Zusammenhang abhängig);
– damit Steiner entlastet werde – (final);
– sodass die gegnerische Sturmspitze auch jetzt nicht durchkam – (konsekutiv)

86 – als ich aus dem Haus ging – (temporal, gleichzeitig zum Hauptsatz);
– bevor der Bus abfuhr – (temporal, nachzeitig zum Hauptsatz);
– ohne dass der Fahrer meine Karte sehen wollte – (modal);
– weil ich etwas spät dran war – (kausal);
– wenn du dich nicht beeilst – (konditional);
– damit du den Bus nicht versäumst – (final);
– obwohl ich mich beeilt hatte – (konzessiv)

87 Wen oder was erlaube ich mir? (Akkusativobjekt) –
Wozu habe ich mich entschlossen? (Präpositionalobjekt) –
Wer oder was ist unmöglich? (Subjekt) –
Wen oder was hoffen wir? (Akkusativobjekt)

88 Sie baten ihn die Wahl anzunehmen. –
Er ist imstande(,) ins Wasser zu springen. –
Sie glaubten(,) den Sieg schon in der Tasche zu haben.

89 Ich traf ihn in der Stadt,	(Hauptsatz)
als er gerade in die	(Gliedsatz)
Bibliothek ging(,)	(Infinitivsatz,
um sich ein Buch auszuleihen.	abhängig vom Gliedsatz)
Wir vereinbarten,	(Hauptsatz)
uns heute nachmittag bei ihm zu treffen,	(Infinitivsatz, abhängig vom Hauptsatz)
um den Klassenabend vorzubereiten.	(Infinitivsatz, abhängig vom ersten Infinitivsatz)

90 Wenn man die Lage so betrachtet, dann könnte man natürlich deiner Meinung sein. –
Wie ich die Situation sehe, stellt sie sich ganz anders dar. –
Obwohl ich darüber einigermaßen informiert bin, möchte ich mich jetzt nicht äußern. –
Weil er von der Aussichtslosigkeit seines Vorhabens überzeugt war, zog er den Antrag endgültig zurück.

91 Hat Franz euch mitgeteilt, wann er ankommt?
Form: indirekter Fragesatz
Aufgabe: Objektsatz (Akkusativ)
Es ist nicht richtig(,) alles über einen Kamm zu scheren.
Form: Infinitivsatz
Aufgabe: Subjektsatz
Wo gehobelt wird, fallen Späne.
Form: Relativsatz
Aufgabe: Adverbialsatz (lokal)
Das Spiel musste abgebrochen werden, weil es zu sehr regnete.
Form: Konjunktionalsatz
Aufgabe: Adverbialsatz (kausal)
Einmal angefangen(,) muss die Sache auch zu Ende geführt werden.
Form: Partizipialsatz
Aufgabe: Adverbialsatz (konditional)

92 Wir erfuhren, dass er verletzt war, aber trotzdem gestartet war. –
Wie soll es weitergehen, wenn du nicht mehr mitspielst und Franz verletzt ist? –
Ich bin mir nicht sicher, ob ich nächste Woche schon wieder spielen kann oder ob ich noch eine weitere Woche aussetzen muss. –
Sobald ich beim Arzt war und er mich untersucht hat, werde ich euch Genaueres sagen können. –
Wenn der Arzt zwar nicht nein sagt, aber es doch für besser hält, dass ich noch eine Woche warte, dann werde ich mich nicht aufstellen lassen.

93 Das Stadion, das fast 30 000 Menschen fasste, war ausverkauft. –
Das Spiel, von dem sehr viel abhing, begann sehr hektisch. –
Das Publikum war mit der Entscheidung des Schiedsrichters, dass er nach einem Foul an Brückner einen direkten Freistoß gab (oder: nach einem Foul an Brückner einen direkten Freistoß zu geben), nicht einverstanden.

94
- wie es weitergehen soll – indirekter Fragesatz;
- dass bei der Sache etwas nicht stimmt – Konjunktionalsatz;
- die Straße im Winter zu befahren – Infinitivsatz;
- das aus noch ungeklärten Gründen von der Straße abgekommen war – Relativsatz;
- schon lange vorbereitet – Partizipialsatz

95 Bis zum Schluss stand es noch offen, ob die Gäste beide Punkte mit nach Hause nehmen würden. –
Weißt du schon, wann das Rückspiel stattfindet? –
Mancher stellte sich die Frage, ob es nicht besser gewesen wäre(,) Rummel nach vorne zu schicken. –
Ein Reporter fragte den Trainer, woran es wohl gelegen habe, dass unsere Mannschaft so nervös spielte. –
Ich kann jetzt noch nicht sagen, wen ich im Rückspiel für den verletzten Rummel aufstelle. –
Haben Sie sich schon überlegt, wie man den Sturm verstärken kann?

96 Der Admiral . . . (Satzreihe)
Es war still . . . (Satzreihe)
Dann nahm der Kapitän . . . (Satzgefüge)
Sie ermahnte ihn . . . (Satzgefüge)
Er überlegte . . . (Satzgefüge)
Wenn der Plan gelinge . . . (Satzgefüge)
Der Kapitän . . . (Satzreihe)

97 a) Er blieb nicht im Bett, obwohl er Fieber hatte. (Haupt-, Nebensatz)
Obwohl er Fieber hatte, blieb er nicht im Bett. (Neben-, Hauptsatz)
Er blieb, obwohl er Fieber hatte, nicht im Bett. (Nebensatz als Binnensatz)
b) Franz, ein Freund meiner Schwester, half uns. (Apposition)
c) Sie lebten in einem kleinen, ruhigen Dorf. (Aufzählung gleichrangiger Attribute)
d) Sie wohnten in einer schönen, aber teueren Gegend. (Entgegensetzung durch Konjunktion „aber")
e) Sie waren glücklich und zufrieden. (kein Komma vor „und" bei Aufzählung)
f) Sie dachte nicht daran, die ganze Geschichte nochmals zu erzählen. (Ankündigung des Infinitivsatzes durch hinweisendes Wort)
g) Sie zögerte den Auftrag allein zu übernehmen. (Komma nur, wenn die Inifinitivgruppe hervorgehoben werden soll)
Den Auftrag allein zu übernehmen, damit war sie nicht einverstanden. (Komma vor und nach Infinitivsatz nur, wenn hinweisendes Wort im übergeordneten Satz)
h) „Wenn du damit einverstanden bist", sagte er, „dann bleiben wir heute zu Hause." (direkte Rede mit eingeschobenem Begleitsatz)
i) Inge und Franz, sie kannten sich noch aus der Schule, trafen sich zufällig in Rom. (Parenthese; auch Bindestrich oder Klammern möglich)

98 a) irgendjemand (Verbindungen mit „irgend" immer zusammen)
b) entweder „drei viertel Kilo" oder „drei Viertelkilo"
c) nasskalt (Zusammensetzung aus zwei gleichrangigen Adjektiven)
d) kochend heiß (Partizip als erster Bestandteil)
e) leicht verständlich (Möglichkeit der Steigerung oder Erweiterung von „leicht")
f) festsetzen (erster Teil nicht steigerbar)
g) auseinander halten (mehrteiliges, zusammengesetzes Adverb)
h) entweder „imstande" oder „im Stande"
i) vorbei sein (Verbindungen mit „sein" immer getrennt)
k) ein Besorgnis erregender Vorfall (Nomen + Partizip)
l) entweder „aufgrund" oder „auf Grund" (Präpositionalgefüge)

99 a) Möglichstes (substantiviertes Adjektiv mit Pronomen)
b) unmöglich (Adjektiv als Prädikativum)
c) hundert (attributives Numerale)
d) Hunderten (substantiviertes Numerale; dekliniert)
e) morgen (Adverb)
f) Morgen (Nomen, der Morgen)
g) Sie (Höflichkeitsform in der 3. Person)
h) dich (Anrede in der 2. Person)
i) das letzte Mal (Nomen mit Artikel) – diesmal (mehrteiliges Adverb wie „manchmal")
k) Anfang (Nomen) – anfangs (Adverb; erstarrter Genitiv)
l) über kurz oder lang (feste, nicht deklinierte Verbindung aus Präposition und Adjektiv, ohne Artikel)